Joseph Frank

Lectures on Dostoevsky

陀思妥耶夫斯基讲稿

斯坦福大学年度研讨班课程

（美）约瑟夫·弗兰克 著

（美）玛丽娜·布罗茨卡娅 玛格丽特·弗兰克 编

糜绪洋 译

广西师范大学出版社
·桂林·

这些讲稿充满新颖且有理有据的见解。弗兰克建立了许多新的关联,澄清了一些过去的误解。

——克里斯蒂娜·卡拉凯佩利,《现代语言评论》

在关于《穷人》等作品的章节中,弗兰克提炼了其多卷传记中那些颠覆认知而又详细论证的内容……在弗兰克看来,最好的方法是先将陀思妥耶夫斯基的小说和观念定格在他本人最关切的问题上,然后才由基础往上升,继续考虑更宽泛的理解,而非直接站在高处泛泛而谈。这些讲座在这方面做得尤其好。

——加里·索尔·莫尔森,《纽约书评》

这部身后出版的《陀思妥耶夫斯基讲稿》是对约瑟夫·弗兰克书写这位俄罗斯作家的一生之作的新提炼,而且有着新形式。这些讲稿几乎像是非正式谈话,我们可以在其中听到他的鲜活声音与热情参与,听到他如何谈论陀思妥耶夫斯基,并与陀思妥耶夫斯基对话。

——理查德·佩维尔,与拉里莎·沃洛洪斯卡娅合译《罪与罚》的获奖译者本书信息量大，思路清晰，以一种精炼、易懂的形式呈现了约瑟夫·弗兰克数十年研究陀思妥耶夫斯基著作所取得的成果。即使是讲解复杂的哲学问题，也能使用一种明晰但不过度简化的方式。

——巴里·谢尔，达特茅斯学院

约瑟夫·弗兰克的讲稿思路清晰，论证严密，对陀思妥耶夫斯基伟大小说的智识和文化背景进行了博学的讲解，是一节文学阐释的大师课。这些讲稿又让我们回想起弗兰克对陀思妥耶夫斯基研究无与伦比的贡献，也是其影响深远的五卷传记的绝佳伴侣，是所有研习陀思妥耶夫斯基者的必备读物。

——萨拉·扬，伦敦大学学院

约瑟夫·弗兰克的五卷本陀思妥耶夫斯基批评传记是一切语言中同类研究的佼佼者。这本《陀思妥耶夫斯基讲稿》为那些不了解弗兰克的人捕捉到了这位师长和对话者的形象：学识渊博，对文学充满激情，在恰当的时机诙谐幽默，始终直率而又谦逊。通过精辟的评论、考究的分析和熟练的语境化呈现，这部著作不仅能让读者对陀思妥耶夫斯基的天才有一个极好的初步认识，还是那让弗兰克得以跻身本世纪最杰出学者-批评家之列的五卷传记的浓缩提炼。

——威廉·米尔斯·托德三世，哈佛大学

目 录

前　言

当约瑟夫·弗兰克在二〇〇二年完成他的五卷本陀思
妥耶夫斯基文学传记后，他加入了利昂·埃德尔（《亨利·
詹姆斯》）、理查德·艾尔曼（《詹姆斯·乔伊斯》）、
沃尔特·杰克逊·贝特（《约翰·济慈》）、珍妮特·布朗
（《查尔斯·达尔文传》）——詹姆斯·鲍斯威尔和他的
《约翰生传》自不待言——等传记作家的行列。在任何
一个跨越数十年的工程里，作者对其写作对象的看法都会
发生变化，围绕传记作者本人的文化和批评氛围亦然。
弗兰克的著作既反映了他对作为作家、思想家和人的陀思
妥耶夫斯基的看法之演变，也反映了他自己作为我们时代
一位主要批评家的发展历程：他早期关注于理论，后来当

他写到第五卷①时，他的兴趣在于以几乎精确到天的细致程度来叙述陀思妥耶夫斯基人生的最后十年。读者甚至可以沉浸于比较两者的相似之处，无论弗兰克的传记与陀思妥耶夫斯基的小说之页数，还是完成它们所消耗的时间跨度：它们有着相似的规模，同样关注某些大主题和理念，也都会时不时转入新的方向。诸如弗兰克的五卷本陀思妥耶夫斯基传这样的不朽传记，不仅塑造了我们理解某位作家及其作品的方式，还塑造了我们理解世界——写作对象的世界和我们自己的世界——的方式。弗兰克后来努力将他的巨著浓缩成二〇〇九年问世的单卷本②，这是他对文学分析和文化史进行提炼后的迷人产物。

viii　　但如今，在他身故后，又发生了一次全新的提炼，这一次换了一种体裁——讲稿。玛丽娜·布罗茨卡娅与玛格丽特·弗兰克编辑的约瑟夫·弗兰克的《陀思妥耶夫斯基讲稿》呈现了弗兰克给他在斯坦福大学的学生们

---

① 约瑟夫·弗兰克，《陀思妥耶夫斯基：先知的衣钵，1871–1881》（普林斯顿：普林斯顿大学出版社，2002）。译按：中译本见约瑟夫·弗兰克，《陀思妥耶夫斯基：文学的巅峰，1871–1881》，戴大洪译（桂林：广西师范大学出版社，2022）。以下本书简称《先知的衣钵》。

② 约瑟夫·弗兰克，《陀思妥耶夫斯基：作家与他的时代》（普林斯顿：普林斯顿大学出版社，2009）。译按：中译本见约瑟夫·弗兰克，《陀思妥耶夫斯基：作家与他的时代》，王晨等译（北京：中国华侨出版社，2019）。

做的一系列精致敏锐却又颠覆认知的讲座，令人惊讶的是，直到从普林斯顿大学退休后，这位堪称世界最知名陀思妥耶夫斯基研究者的学人才开始在斯拉夫系开课定期讲授陀思妥耶夫斯基（再早前几年访问哈佛大学时，他也曾开设过一门关于陀思妥耶夫斯基的课程）。《陀思妥耶夫斯基讲稿》无论对普通读者还是陀思妥耶夫斯基研究者而言都是一份礼物，后者想必会仔细探究，在其批评著作中，以及在为学生和更广泛读者群体进行的讲座中，弗兰克的侧重点有何不同。

约瑟夫·弗兰克于一九一八年出生于曼哈顿下东区（Lower East Side），这是一个移民街区，许多美国未来的知识分子在这里度过了他们的童年。父亲在他很小的时候就去世了，他被母亲的第二任丈夫威廉·弗兰克收养。认识弗兰克的人都会记得，他有时会受口吃困扰，但非同寻常的是，这并没有影响他的演讲天赋。他从小就追求内在修养，贪婪地阅读，还在上高中时就去听社会研究新学院（New School for Social Research）的讲座。他的双亲在他还很年轻时就已去世，几乎身无分文的他来到威斯康星大学，因为他听说那里的教务长很同情想读书的犹太学生。惊人的是，尽管从未获得过学士学位，但他还是被录取了，并在芝加哥

大学著名的社会思想委员会（Committee on Social Thought）
获得博士学位。

在四十年代及此后，弗兰克开始发表一系列开创性论
文，并很快被公认为美国最有前途的文学评论家和理论家
之一。他的论文《现代文学的空间形式》初刊于一九四五
年，至今仍是一篇经典之作，并构成其影响巨大的专著《扩
张的旋涡：现代文学中的危机和掌控》之核心（这部作品在
增补了一些重要的内容与评论后，在一九九一年以《空间形
式的观念》为题再版）。

弗兰克为美国主要的知识和文学期刊（如《塞沃尼评
论》〔Sewanee Review〕、《哈德逊评论》〔Hudson Review〕、
《党派评论》〔Partisan Review〕和《新共和》〔New Republic〕）
撰写文章，内容涉及诸多画家和作家——纪德、福楼拜、
马尔罗、曼、戈雅、塞尚、萨特、普鲁斯特，以及越来越频繁出
现的陀思妥耶夫斯基。

许多读者最先接触到的弗兰克论述陀思妥耶夫斯基的
著作是他的那些关于《地下室手记》《白痴》和《群魔》的
令人难忘的文章。阅读这些文章可以改变一个人阅读陀思
妥耶夫斯基，乃至总体上阅读小说的方式；无论作品还是普
通读者本人都同时被改变。事实证明，对当时的弗兰克而
言，阅读陀思妥耶夫斯基也是一种转变体验：令一些人

惊讶和失望的是,弗兰克搁置了他作为重要理论家和文学评论家的角色,转而为陀思妥耶夫斯基写作一部文学传记——这部传记的创作贯穿了他随后数十年的人生,一直到二〇〇二年最终完成。他最后十年人生的多数时间都致力于把传记浓缩成单卷本,并撰写了一批发表于《纽约书评》(*New York Review of Books*)等刊物上的文章。他出版了三本重要的文集:《透过俄罗斯棱镜:文学与文化随笔》(1989)、《宗教与理性之间:俄罗斯文学与文化随笔》(2010)和《回应现代性:文化政治随笔》(2012)。

弗兰克的著作体现出一种深思熟虑的诚实,愿意前往证据指向的任何地方,哪怕这意味着修改并重审从前的立场。他是一位一丝不苟又富有创造力的文本细读者,他把这些细读的成果应用到陀思妥耶夫斯基时代——也间接涉及我们自己的时代——最重大、复杂和紧迫的文化、政治和社会问题上。尽管他关于陀思妥耶夫斯基的著作常被以"纪念碑"比附,但我们也应该称赞它们"观察准确,论证严密"。

因此,弗兰克是以一个顶级批评家、理论家的身份着手研究陀思妥耶夫斯基的,而他的陀学研究经历缘起于与《地下室手记》的一次极为重要的邂逅。他写道:"我本人……的尝试始于《地下室手记》,正是在努力研读这一文本的过程中,我逐渐开始理解陀思妥耶夫斯基作品中的人物心理与意识形态的复杂关系，从而认识到在意识形态的社会-文化背景下找出人物的心理根源对于正确理解人物的心理状态多么重要。"① 弗兰克对《地下室手记》的着迷是他五卷本传记的一大智识基础，而对于形成作者整体视野所起到的基本性作用而言，弗兰克与《地下室手记》的持久邂逅，似乎正仿佛陀思妥耶夫斯基与《约伯记》的持久邂逅。这为他后来专注于在时代的社会-文化背景下理解陀思妥耶夫斯基著作中心理和意识形态的关系奠定了基础。他在陀思妥耶夫斯基未来的长篇小说和政论作品中都发现了"地下人"的影子，尤其是《作家日记》——不仅在《温顺的女人》和《一个荒唐人的梦》里，还在"某人"的自言自语里②，以及其他没能出现在《讲稿》中的篇目里。

在第三卷《自由的苏醒》中，弗兰克发表了一个宽泛而断然的声明，尽管有着斩钉截铁的铿锵语气（缺乏修饰语这一点显得不够现代），但它的论述依旧成立。让我引用他的原话：

　　　　几乎没有哪一部现代文学作品比《地下室手记》

---

① 《先知的衣钵》，页 xii，中译本页 iii。
② 指《作家日记》中的篇目《"某人"的半封来信》(A Half-Letter from "A Certain Person"，未收录中译全集)，详见《先知的衣钵》，页 112–113，中译本页 149。——译注

更广泛地被人们阅读，也极少有哪一部现代文学作品像《地下室手记》那样经常作为揭示我们这个时代隐秘的深层情感的重要文本被人们引述。"地下人"这个术语已经进入当代文化的词汇表，这个人物现在也像哈姆雷特、堂吉诃德、唐璜和浮士德一样达到了伟大的文学原创人物的高度。论述现代人岌岌可危的处境的书籍或文章不可能在不使用任何与陀思妥耶夫斯基的这个爆炸性人物有关的典故的情况下完成。二十世纪最重要的文化新生事物——尼采哲学、弗洛伊德学说、表现主义、超现实主义、危机神学和存在主义——或者声称地下人属于自己，或者通过积极的诠释与他产生联系；如果地下人不是被当作先知的预言受到称赞，他就会被当作可怕的鉴戒警示世人。因此，地下人成为现代文明基础的组成部分，这多少证明陀思妥耶夫斯基在后西伯利亚时期所创作的第一部伟大作品具有哲学暗示和催眠的力量。不过，与此同时，这种广泛传播的名声也造成了许多误解。①

---

① 约瑟夫·弗兰克，《陀思妥耶夫斯基：自由的苏醒，1860-1865》（普林斯顿：普林斯顿大学出版社，1986），页310。译按：中译文引自约瑟夫·弗兰克，《陀思妥耶夫斯基：自由的苏醒，1860-1865》，戴大洪译（桂林：广西师范大学出版社，2019），页439-440。以下本书简称《自由的苏醒》。

与其说"地下人"试图驳斥十九世纪六十年代激进派的理念，毋宁说他本身就是那些理念的代表——弗兰克的这一大胆论点吸引了一代又一代的读者。这一见解为步入陀思妥耶夫斯基创造性思维的迷宫指出了一条很有说服力的道路。

《地下室手记》对陀思妥耶夫斯基和弗兰克而言都至关重要，那么，对于这么一部作品，弗兰克又是如何在其《陀思妥耶夫斯基讲稿》中呈现的呢？他把自己一生对这部复杂中篇小说的关注浓缩成两篇讲稿（第四章），其中第一讲结合小说第一部的语境，用大量时间介绍了知名度较低的非虚构作品《冬天记的夏天印象》，而第二讲则继续处理小说的第一部分，只给篇幅更长、情节更丰富的第二部分留了几页。然而，这两篇讲稿的总体效果是平衡而有分寸；看似特立独行的策略最后却为《地下室手记》贡献了一次异常连贯、完整的解读。就让《陀思妥耶夫斯基讲稿》的读者自己去探索弗兰克的策略吧。

尽管如此，我还是要提出一些看法，供这两篇讲稿的读者参考。起初，弗兰克几乎没有透露这部"小杰作"后来会被人发现有多么重要；相反，他强调了它"在发表时几乎没被人注意到"。（第四章）他几乎是顺便提出了一个高度原创性的重要观点——在陀思妥耶夫斯基此前的作品中,人物的反应都是由他们在社会等级中的地位决定的,但对地下人而言,具体的意识形态语境成为首要条件,这也为后来的长篇小说奠定了模板。弗兰克继续用简单、朴素但准确的措辞解释了一个在许多人看来神秘乃至费解的问题——陀思妥耶夫斯基在旅居西伯利亚后,为何从激进知识阶层转向沙皇支持者:在弗兰克看来,最重要的原因就在于沙皇废除了农奴制,"这正是陀思妥耶夫斯基曾经所属的革命团体的目标。因此,沙皇实现了陀思妥耶夫斯基自己最深切的愿望,从那时起,陀思妥耶夫斯基成了沙皇政权的忠实支持者"。(第四章)除了弗兰克,谁有资格对一个复杂过程做出如此简明乃至简化的解释——因为在其卷帙浩繁的传记中,他已动用过大量篇幅,恰恰就是为了去理解陀思妥耶夫斯基这一时期政治意识运作的种种微妙和神秘之处。此外,也正是在这篇讲稿中,弗兰克展现了小说叙事者既对自己,也对其读者冷嘲热讽的种种方式,从而引入他自己的一个观念——读者如何成为陀思妥耶夫斯基著作中的角色。随后他继续将这种"双重反讽"的来源与他所称的"受过教育的俄罗斯人对那让他们又是仰慕又是怨恨的欧洲文化的精神分裂"联系在一起。(第四章)

  只有在关于《地下室手记》的第二讲中,弗兰克才透

xiii

露,其实正是他自己过去对这部作品的分析改变了人们对它的普遍理解,而且这段启示还出现在括号里。(也许他甚至都未曾费心把这段话读给学生听。)这些讲座的一大特点就是谦逊,以及他会不断试图用简单明了的方式来传达各种复杂的观念——关于陀思妥耶夫斯基及其时代的观念,而弗兰克数十年来一直是这方面的权威——从而让任何一个学生或普通读者都能听懂。然而,这些讲稿并不代表淡化主题;它们包含大量惊人的观察,这些观察为其他陀思妥耶夫斯基读者未来可能选择的方向提供了建议。

这些讲稿中的每一篇里都有近乎随口说出的精辟见解。例如,弗兰克将《罪与罚》的情节解作"是将拉斯柯尔尼科夫揭示给他自己,让他得以解决包含在他自己性格中的谜团。这本书真正描绘的是……拉斯柯尔尼科夫逐渐认识到自己行为的真相,认识到比起他最初以为自己行为会有的意义,他所作所为的真正意义究竟何在"。(第五章)

而对于《白痴》,弗兰克发现,"此书的非凡之处在于,陀思妥耶夫斯基在其中检验的理想和绝对价值恰好就是他自己的"(第六章)——这样一个洞见实则被当作一句脱口而出的话抛了出来。弗兰克毫不犹豫地将陀思妥耶夫斯基的最后一部长篇小说《卡拉马佐夫兄弟》置于西方文学传统最为不朽的创造之列：《神曲》《失乐园》《李尔王》《浮士德》。他告诉自己的学生："这些都是我脑海里一下子涌现的比较对象。"这一系列讲座将陀思妥耶夫斯基作品的根基建立在俄罗斯错综复杂的历史和文化之上，随后弗兰克将他的分析扩展到一幅更宽广的画卷上，与此同时仍继续透过俄罗斯经验的棱镜探索这部长篇小说。这是一种复杂的杂耍技艺，而弗兰克似乎不费吹灰之力就能完成，就像诗人能把具体和普遍统合成一个无缝的整体，好比叶芝在《马戏团动物的大逃亡》之中那般。

读者至此可能会开始好奇，弗兰克将用何种方式来给这些精彩的讲座画上句号。他的方法是化用（或者如陀思妥耶夫斯基在《卡拉马佐夫兄弟》中的说法，通过实行一次无害而有益的"剽窃"：基督亲吻宗教大法官；阿廖沙亲吻伊万）。弗兰克如今从小说人物转移到作者，也用这宽恕之吻封印了自己的叙事："在我看来，这个吻代表了陀思妥耶夫斯基本人对新激进派的态度，他准备宽恕，但不会接受他们。"（第七章）

弗兰克在体裁方面一直都很大胆：他从理论转向传记——从一种热门的新形式转向一种更老派的形式。他让传记体裁焕然一新，助燃了我们对文化史的普遍迷恋。而如今我们又有了他的《陀思妥耶夫斯基讲稿》。这年头已很少有教授以演讲授课为荣：这无非是另一种过时的形式。现在的任务是鼓励学生参与,哪怕是人满为患的大课也一样。但弗兰克创作了他的《陀思妥耶夫斯基讲稿》,并借此为一种旧形式注入了新活力。

　　这些讲稿不可避免地会被拿来与纳博科夫的《俄罗斯文学讲稿》进行一番比较,而比起特立独行的后者,他们之间有太大的差别。这两种都在作者身后出版的著作并不属于同一批评场域,虽然它们都将作品置于作者之上(以两种截然不同的方式)。弗兰克在其陀思妥耶夫斯基传第一卷的前言中写道:"我所写的这本书并不是一部传记,或者说,即使它是一部传记,那也只是在某种特定的意义上——因为我不是从生活写到作品,而是绕道走了另一条路。我的目的在于阐释陀思妥耶夫斯基的艺术,这一目的决定了我对细节的选择以及我的视角。"①或者如纳博科夫在写作狄更斯时所说的名言:"就让我们去感激那张网吧,不要去管什么蜘蛛。"②弗兰克对那张网的透彻审视最终让他不仅

---

　　① 约瑟夫·弗兰克,《陀思妥耶夫斯基:反叛的种子,1821-1849》(普林斯顿:普林斯顿大学出版社,1976),页xii。译按:中译文引自约瑟夫·弗兰克,《陀思妥耶夫斯基:反叛的种子,1821-1849》,戴大洪译(桂林:广西师范大学出版社,2014),页iii。以下本书简称《反叛的种子》。

　　② 弗拉基米尔·纳博科夫,《文学讲稿》,弗莱德森·鲍尔斯(Fredson Bowers)编,约翰·厄普代克(John Updike)序(纽约:哈考特出版社,1980),页65。译按:中译文引自纳博科夫,《文学讲稿》,申慧辉等译(上海:上海译文出版社,2018),页73。

对蜘蛛,还对其周围的动植物都有了无可比拟的了解。

然而,弗兰克从不耍机灵,从不公然发表武断意见,也不追求震撼或刺痛人心。与纳博科夫不同,他的陀思妥耶夫斯基不是他"一心想拆穿"的"陈词滥调的荒原"的创造者①,他也不会想象陀思妥耶夫斯基坐在门外等着为自己被打了低分讨个说法。("托尔斯泰是俄国最伟大的小说家。撇开他的前辈普希金和莱蒙托夫不说,我们可以这样给俄国最伟大的作家排个名:第一,托尔斯泰;第二,果戈理;第三,契诃夫;第四,屠格涅夫。这很像给学生的作文打分,可想而知,陀思妥耶夫斯基和萨尔蒂科夫正等在我的办公室门口,想为他们自己的低分讨个说法。")②弗兰克从不以牺牲自己的写作对象为代价来博得加分。纳博科夫那顽童一般、时常任性乖张,但才华横溢的讲稿所揭示出的,是一个将自我代入手头创造性作品的经纬和私密纹理之中的人。弗兰克的讲座同样精彩,但他的目的始终在于让学生了解陀思妥耶夫斯基的作品,以便每个人都能找到一条道路,通往创造他们自己的陀思妥耶夫斯基。他只会在不经

xvi

---

① 弗拉基米尔·纳博科夫,《俄罗斯文学讲稿》,弗莱德森·鲍尔斯编并序(纽约:哈考特出版社,1981),页98。译按:中译文引自纳博科夫,《俄罗斯文学讲稿》,丁骏、王建开译(上海:上海译文出版社,2018),页117。

② 《俄罗斯文学讲稿》,页137,中译本页164。

意间透露出自己渊博的学识；他将复杂的事情转化为看似简单的要点；他不把自己代入作品，而是选择为学生或读者提供持续的支持，他想象中的写作对象不会在办公室门外等他，而是沉浸于自己的时空中，努力在其小说中体现一个个日常和永恒问题。弗兰克智识上的慷慨以一种沉静而朴素的方式闪现出来，不像纳博科夫那般是为了炫目，而是为了点亮他人。

最后我们可以在绕了一圈后重新回到《地下室手记》。弗兰克一九五五年受邀在普林斯顿举办一次高斯研讨班，他选择了《地下室手记》作为自己的题目。弗兰克的讲座与克里斯蒂安·高斯的讲座有种亲缘关系，照埃德蒙·威尔逊的观察，后者的教学风格包括一种不同寻常的"心智的流动性"，且能够鼓励学生培养"思维序列"，从而带领他们找到自己的结论。① "极度的灵活性和宏大的规模是……他讲座的特点……他会告诉你作者的目标是什么，以及他为实现其目标而采取的方法。"②威尔逊引用了一位后来成为杰出联邦法官的学生的话——他描述了自己的老师在智识上对整全的追求："他使我把语言、文学视作人类持

---

① 埃德蒙·威尔逊，《克里斯蒂安·高斯》，载《大师：伟大教师群像》，约瑟夫·爱泼斯坦（Joseph Epstein）编，（纽约：基础书籍，1981），页3-4。

② 同上，页6。

续不断、永不止息地努力思考的象征，而思考的对象，就是那些一旦付诸实践，就会在总体上构成文明进步的思想。"①约瑟夫·弗兰克的严谨智识在《陀思妥耶夫斯基讲稿》中与一种看似轻松、流畅，实则精心营造的节奏相结合。不大放烟火，不制造极致的紧张、悬疑，不刻意把课堂变成剧场，他把自己和研究对象一起，作为智识、哲思和审美探索价值的代表向我们奉上。

罗宾·福伊尔·米勒

布兰戴斯大学

本前言的一部分改写自拙文：《弗兰克的陀思妥耶夫斯基》，载《斯拉夫和东欧杂志》(*Slavic and East European Journal*)，总第四十七期，二〇〇三年第三期，页 471–479；《约瑟夫·弗兰克》，载《陀思妥耶夫斯基研究》(*Dostoevsky Studies*)，新序列，第十八期(2014)，页 9–22。

---

① 埃德蒙·威尔逊，《克里斯蒂安·高斯》，载《大师：伟大教师群像》，约瑟夫·爱泼斯坦(Joseph Epstein)编，(纽约：基础书籍，1981)，页 17。

序　言

约瑟夫·弗兰克教授在斯坦福大学讲授其为期十周的年度研讨班,课程名为"陀思妥耶夫斯基和他的时代",而我正在用《罪与罚》给研究生上一门俄语课。下课后,我会直奔约瑟夫·弗兰克位于学校中心广场(Main Quad)的研讨班,与他的学生一起围坐在一张大椭圆桌旁。

他不问问题;他也不征求意见。他头上往往神气地戴着一顶写着"罪与罚"的棒球帽,他坐下,摘下棒球帽,放在桌上自己的笔记旁。他会环视一下房间,然后娓娓道来——"在上一讲中……"——巧妙地把前一周的材料与他即将开始的一讲编织在一起。他语速慢,偶尔会结巴。他面前的笔记就是他的讲稿:精心制作,或手写或打印,但总是果断、节制、启迪人心，且涉猎广博。约瑟夫·弗兰克的陀思妥耶夫斯基既是激进派也是保守派，既是囚犯也是先知，就像坐在椭圆桌旁的我们每个人一样，他是他那个时代世界的产物。我建议我们把他的陀思妥耶夫斯基课程出成书，约瑟夫·弗兰克欣然接受了这个想法。我们知道这会是本不寻常的著作。

但那时约瑟夫·弗兰克的生涯在许多方面也很不寻常。他的第一篇文学文章于一九三八年出现在纽约大学的学生刊物《华盛顿广场评论》（*Washington Square Review*）上，他被列入这份刊物的编辑名单——尽管他从不是注册学生。一九四二至一九五〇年间，他在华盛顿特区当记者，为国家事务局（Bureau of National Affairs）报道社会、经济和法律事务。与此同时，他继续追求自己的学术志趣，最终在《塞沃尼评论》上发表了《现代文学的空间形式：一篇共分三部的论文》，它很快成为现代文学研究的一座里程碑。

伴随突如其来的批评家名声，他在一九五〇年获得前往法国的富布赖特奖学金（Fulbright fellowship）。正是在那里，他邂逅了自己未来的妻子玛格丽特，哈佛大学数学系博士，她（与合著者菲利普·沃尔夫〔Philip Wolfe〕一起）发表了求解二次规划（quadratic programming）的弗兰克-沃尔夫

本书中的讲稿来自约瑟夫·弗兰克在斯坦福大学讲授的
"陀思妥耶夫斯基和他的时代"研讨班

弗兰克在攻读博士学位之前曾是一名记者

弗兰克在普林斯顿大学讲授比较文学时写了五卷本
陀思妥耶夫斯基传

弗兰克在俄罗斯圣彼得堡季赫温公墓 (Tikhvin
Cemetery) 中的费奥多尔·陀思妥耶夫斯基墓旁

法,一种沿用于高速机器计算的方法。[1]

回到美国后,约瑟夫·弗兰克继续为《党派评论》和《新共和》等杂志撰写关于当代作家的文章,获得了博士学位,并开始教学。对他而言,一个转折点是普林斯顿大学邀 请他举办高斯批评研讨班,而他选择了讨论《地下室手记》。他拒绝接受当时流行的对这部作品的存在主义解读,转而聚焦陀思妥耶夫斯基的智识、意识形态和政治世界。在举办研讨班几年后,他被邀请加入普林斯顿大学的教员队伍,指导高斯批评研讨班的工作。

他在普林斯顿研究的并非斯拉夫学,而是教授英语和比较文学课程,他成功掌握了俄语阅读能力(一本俄英词典和一本语法书始终伴随着他,甚至在海滩休闲时也不例外),以扩展自己对陀思妥耶夫斯基的研究。这项研究最终变成了作家的五卷本文学传记,由普林斯顿大学出版社出版,前后历时二十五年。在这部多卷本著作获得的所有赞誉中,最让他欣喜的是在一本出人意料的刊物《村声》(*Village Voice*)上的一篇不同寻常的文章。这篇由大卫·福斯特·华莱士撰写,题为《约瑟夫·弗兰克的陀思妥耶夫

---

[1] 玛·弗兰克、菲·沃尔夫,《一种二次规划算法》(An algorithm for quadratic programming),载《海军研究后勤季刊》(*Naval Research Logistics Quarterly*),第三卷,第 1–2 期(1956),页 95–110。doi: 10.1002 / nav.3800030109.

斯基》的文章被收录在本书的最后。

从普林斯顿大学退休后，约瑟夫·弗兰克又被邀请去斯坦福大学开设关于陀思妥耶夫斯基的年度课程，本书中的讲稿呈现的就是这门课程的内容。约瑟夫·弗兰克去世后，我请玛格丽特·弗兰克和我一起处理这些讲稿。我们破译并编辑了他的手写笔记，提供了翻译、参考资料和其他必要材料。受他对陀思妥耶夫斯基作品银幕改编的浓厚兴趣启发，我们还列出一份精选电影清单，作为补充阅读材料。

约瑟夫·弗兰克研究陀思妥耶夫斯基的方法如今显示出非凡的意义，因为道德和政治上的不稳定以及潜在的虚无主义正变得一代比一代普遍。这些讲稿传达了他的洞察、他的教学热情，以及他对深入理解这位伟大作家做出的贡献。无论您是独立读者、教师还是修习文学的学生，这些讲稿都适合您。

玛丽娜·布罗茨卡娅

斯坦福，二〇一九年

导　论

本课程的目的是阅读陀思妥耶夫斯基最著名的几部作品,并以此介绍其作品的主要文学、思想元素。

陀思妥耶夫斯基并不是要咬紧牙关才能读下去的作家,而是试图使自己的作品尽可能妙趣横生、激动人心,且让人有阅读欲望的作家。他的作品提出了西方文化的一些最深刻的道德与哲学问题,但他同样想让读者保持兴致。

至少有一个理由让他必须这么做。他是那个时代重要的俄罗斯作家中唯一需要靠写作来谋生的,他的收入取决于他的受欢迎程度。因此,他使用了诸如神秘和悬疑这样的技法,这些技法通常让人联想到那些写给大众读者,但又用于严肃主题的叙事类型,可与诗体悲剧的写作相媲美。他这样做其实是在追随雨果、巴尔扎克和狄更斯等非俄罗斯作家的脚步，他们同样也在处理严肃的道德、社会问题的同时，使用这种神秘故事或冒险故事的技法。

这两种文学间的差距在俄罗斯比在欧洲大得多，可能是因为俄罗斯并没有真正的大众读者——其多数人口是文盲，而书籍基本只在各上层阶级中流通。随着时间的推移，情况自然有所改观。但陀思妥耶夫斯基仍是全世界被最广泛阅读的俄罗斯经典作家之一，而根据其作品改编的银幕和舞台剧名单每年都在增加，这正是一大原因所在。对如今的读者而言，陀思妥耶夫斯基似乎仍是十九世纪伟大作家中最为贴近时代的，就仿佛其作品涉及的问题并未过去，而是直接关乎当今。

在阅读某个诸如托尔斯泰这样的作家时，我们当然不会有这种贴近时代的感觉。我们很容易在托尔斯泰小说中发现一些可被称作文明生活普遍问题的要素，但托尔斯泰的主人公所处的世界与陀思妥耶夫斯基的完全不同。它是俄罗斯过去的世界。

而陀思妥耶夫斯基的世界则是一个不断流变的世界，在这个世界里，曾经以对上帝的信仰为基础的稳定状态已开始受到严重质疑。在这个世界里，新的理念和思想已开始影响一个新群体的头脑和心灵，这个群体被称作*知识阶层*（*intelligentsia*），即受过教育后，不再觉得自己属于旧的社会宗教结构,并希望从根本上改变它们的人。陀思妥耶夫斯基在其主要的几部长篇小说中攻击了这个群体,但他同时也理解他们的内心。我们的一个目的就是去理解,他怎么能做到既反对他们,又怀着如此多的同情、内在理解,乃至怜悯来描绘他们。

因此,陀思妥耶夫斯基世界的内核更接近我们自己的世界——可以说后者是始于第一次世界大战结束后的一九一八年。正是在那时,西欧文明的自信崩溃,而陀思妥耶夫斯基在长篇小说中提出的那些问题,曾几何时看起来只是纯粹的俄罗斯问题,如今变成我们整个西方文化的问题。

我们的另一个目的是将陀思妥耶夫斯基的作品与它们的文学和思想背景联系起来研习,从而找出他就自己的时代试图表现或传达的内容。和所有的伟大作家一样,他的作品远远超出了它们的历史语境,我会尝试着让诸位也能以作家在自己的时代看待这些更宏大问题的方式,来理解这些问题。

俄罗斯文化

早期(俄)罗斯文学大多是神学著作,受源自拜占庭基督教的宗教和基督教理念及价值观掌控。这种显著的影响一直持续到十七世纪末彼得大帝降世。彼得大帝坚持让识字阶层，基本也就是统治国家的贵族阶层，按照当时西方和欧洲的规范对自己进行再教育。这导致了习俗上的各种改变，但对我们来说最重要的是，此举意味着要采纳在欧洲思想中开始占主导地位的理性主义思想。

在欧洲，科学和宗教间的冲突在此前几个世纪里已达成某种妥协，但这种变化在俄罗斯发生得更快、更专制。首先，它只影响了为数甚少的识字统治阶层，而非绝大多数民众——不识字的农民。这造成了俄罗斯文化中统治阶层和民众间的割裂，使得他们生活在不同的道德和精神世界里。人人都意识到这种分裂，但陀思妥耶夫斯基以一种独特的方式对它有了切身的深刻体验。当他在一八四九年被捕，并被送往苦役营与农民罪犯共同生活时，他开始意识到这道鸿沟之巨大。他和其他几名受过教育的囚犯与农民罪犯完全疏离，几乎被当作外国人看待。农民罪犯对他们的仇恨在普通社会生活中绝无公开表达的可能。此后，陀思妥耶夫斯基认为，俄罗斯生活中最重要的问题就是弥合这一鸿沟；而要做到这一点，有文化阶级必须尊重农民的宗教信仰和价值观。他在这方面并非孤军作战，我们可以在托尔斯泰的作品中发现同样的主题。

4

在十九世纪,统治阶层因接受了欧洲教育,开始蔑视自己的文化和俄语。说法语而非俄语是受过良好教育的标志。可以在托尔斯泰的《战争与和平》的开头看到这一点,各位贵族人物在其中用法语谈论拿破仑的入侵。统治阶层内部如此西化的事实本身也导致了所谓的西方派(Westernizers)和斯拉夫派(Slavophils)之间的对立。

前者认为,俄罗斯应遵循与欧洲相同的社会和政治进程。后者认为,俄罗斯有自己的民族特性,应该发展和培养,而非为欧洲模式而放弃它们。至于陀思妥耶夫斯基,我们可以粗略地说,他起初是西方派,但后来成了斯拉夫派。尽管他同情许多斯拉夫派的理念,但他从未接受他们的全部学说。

一个重要的原因是,斯拉夫派倾向于美化和理想化俄罗斯的过去,其中也包括农奴制。[①] 他一直葆有年轻时信奉的一些西方派的目标,但他认为实现这些目标无需任何政治上的改变,比如削弱沙皇专制。他不认为任何一种西方意义上的宪政民主,或任何其他类型的民主制度适合

5

---

① 俄罗斯的农奴制起源于十一世纪,但俄罗斯地主在十七至十八世纪获得了对农奴近乎无限的所有权。农奴被指派给庄园,而逃离庄园是一项刑事犯罪。地主可以把自己的农奴转让和贩卖给其他地主,把家庭成员拆散,并将农奴的财产留给自己。一八六一年,沙皇亚历山大二世废除了农奴制。

俄罗斯，但他始终赞成扩大言论和新闻自由。农奴制在一八六一年被废除后，他最渴望的就是将更多土地分配给农民。这是当时大部分社会动荡的原因，而陀思妥耶夫斯基直到去世都相信，沙皇政府最终会采取必要措施来避免灾难。

生　平

在讨论陀思妥耶夫斯基的第一本重要著作《穷人》前，必须先讲一下他的早期生活。我将主要从文化和意识形态方面进行考察，但他生活中的一些事件也是至关重要的。

他生于一八二一年，他的家庭获得了要在俄罗斯拥有社会地位所需的教育。他的父亲是军医，母亲则出身于一个受过良好教育的商人家庭。陀思妥耶夫斯基的父亲获得了贵族地位，但那只是俄罗斯的文官官衔，并没有给他带来地主家庭的地位，而后者的贵族等级是世袭的。这一点可能有助于解释为什么陀思妥耶夫斯基对社会屈辱主题如此敏感，尤其在其早期作品中。

早年生活的另一个重要方面是他接受的宗教教育。陀思妥耶夫斯基的父亲来自一个俄罗斯正教神甫家庭，非常虔诚。他的母亲也很虔诚，陀思妥耶夫斯基本人后来称这一背景对他非常重要。一位家庭教师上门教他和哥哥法语,但也有一位神甫来教他们正教信仰。这与世袭贵族的寻常模式截然不同,他们接受的西式(主要是法式)教育使他们对宗教多少有些漠然。陀思妥耶夫斯基在晚年曾写过,他从父母那里接受的宗教教育以及他母亲带他去的宗教朝圣之旅对他有着重要的意义。陀思妥耶夫斯基和他哥哥被送到非常好的私立学校,父母还每晚给他们朗读俄罗斯经典和翻译成俄语的欧洲作品。

他的父亲决定让陀思妥耶夫斯基成为一名军事工程师,他被送去圣彼得堡,为走上这条职业道路而学习。但他已决心当作家,虽然他通过了技术科目的课程,但他对学校里同样教授的文学课程更感兴趣。

一八三九年的一个重要事件是父亲的死,据传他是在他们家位于乡下的小庄园里被农奴杀死的。官方的明确说法是他死于中风。人们对这起谣传的谋杀案做了大量研究,而这对弗洛伊德而言非常重要,他写了一篇著名的文章——《陀思妥耶夫斯基与弑父》,分析了它对陀思妥耶夫斯基的性格和作品,尤其是《卡拉马佐夫兄弟》的(弗洛伊德认定的)重要意义。

陀思妥耶夫斯基从学校毕业后服役当军队工程师,但他显然不擅长这份工作。在继承了一笔小钱后,他辞去军职。他的第一部长篇小说获得成功，使他一夜成名。此后他靠自己作品的预付款和稿酬生活；他称自己为"文学无产者"。①

第一部长篇小说的成功使陀思妥耶夫斯基接触到影响力巨大的批评家维萨里昂·别林斯基②，并把他引入一个受激进思想和社会主义理念影响的年轻作家群体。两年后，他因文学观分歧和无神论问题而与别林斯基发生争吵。陀思妥耶夫斯基拒斥别林斯基在德意志哲学家路德维希·费尔巴哈影响下接受彻底无神论的立场——费氏宣称，并非上帝创造了人类，而是人类创造了上帝的观念。③

随后陀思妥耶夫斯基开始参加彼得拉舍夫斯基小组，一群年轻人每周聚会一次，讨论各种欧洲先进理念。他们中的大多数人都是法国社会主义者夏尔·傅立叶的门徒，这位思想家不相信暴力革命，而是渴望以身作则创造一个

① 他在一八六三年九月三十日给尼·尼·斯特拉霍夫的信中写道："我是一个无产者作家，谁如果想要我的作品，就必须先保障我的生活。"译按：除特别说明外，陀氏作品及书信的引文均选取《费·陀思妥耶夫斯基全集》(石家庄：河北教育出版社，2010)中的译文，个别地方可能有所损益或修改。

② 维萨里昂·别林斯基(1811-1848)，俄罗斯文学评论家、编辑，沙皇政权的批评者，早期尼古拉·果戈理和费奥多尔·陀思妥耶夫斯基的拥护者。

③ 路德维希·安德列斯·冯·费尔巴哈(1804-1872)，德意志哲学家、人类学家，著有《基督教的本质》(*The Essence of Christianity*, 1842)。

崭新世界。① 陀思妥耶夫斯基不接受这些空想社会主义纲领中的任何一项,因为他认为它们干涉了个体人格的自由。但他对农奴制的激烈仇恨让他在小组中很显眼。

这种仇恨有助于解释为什么他与另外八个人一起,在这个小组中又组建了一个秘密团体,其目的是发动一场反农奴制革命。但一八四八年欧洲革命后,彼得拉舍夫斯基小组的所有成员都被逮捕,秘密团体的计划也因而被阻止。革命秘密团体的存在当时并未被发现,直到陀思妥耶夫斯基去世后很久的一九二二年才水落石出。但陀思妥耶夫斯基终其一生都明白:他也曾同意借一场革命发动杀戮,而他对小说中类似人物心理的深刻理解肯定可以被归于这一原因。

陀思妥耶夫斯基被捕后在单人监室待了大约一年。作为贵族,他受到了不错的对待,但之后被押赴刑场,到最后一刻才得以幸免。② 随后他被判服四年苦役,此后以士兵身份在俄军中服役,后来再度晋升为军官。假处决后在苦

8

---

① 彼得拉舍夫斯基小组以其组织者米哈伊尔·彼得拉舍夫斯基(1821-1866)得名,他是法国空想社会主义哲人弗朗索瓦·马里·夏尔·傅立叶(1772-1837)的门徒。

② 陀思妥耶夫斯基被囚禁在圣彼得堡的彼得保罗要塞,该要塞由彼得大帝于一七〇三年建立。约从一七二〇年起,要塞成为关押高阶或政治犯的监狱。

役营中度过的几年对重塑其宗教和思想观点具有决定性意义。这段岁月也是他最不为人知却最重要的作品之一—《死屋手记》的灵感来源，此书算是一种小说体自传，托尔斯泰后来称其为俄罗斯文学最伟大的杰作之一。

文学背景

陀思妥耶夫斯基成为作家时，正值俄罗斯文学处在一个特殊阶段，如果我们想理解他的作品，就必须将其置于这个背景下审视。我们可以非常粗略地说，伴随着彼得大帝改革所导致的俄罗斯文化整体变化，俄罗斯文学也多多少少随之而变，将欧洲文学风格应用于俄罗斯素材。在陀思妥耶夫斯基的少年时代，伟大作家亚·谢·普希金以拜伦和莎士比亚为典范，展现了如何通过改造这些范本的形式来表达典型的俄罗斯主题，从而创造出原创杰作。①

通俗小说也是以这种高浪漫主义(high Romantic)风格写成的，《穷人》中也有对它的戏拟指涉。但在十九世纪四十年代初，批评家别林斯基开始主张，俄罗斯作家应以巴尔

---

① 亚历山大·谢尔盖耶维奇·普希金(1799-1837)，诗人、剧作家、小说家，被普遍认为是现代俄罗斯文学的奠基人。

扎克、乔治·桑和狄更斯这样的欧洲作家为榜样。他们关注的是自身时代和社会的问题,从而帮助提高读者对这些问题的觉悟(用我们现在的话说)。

别林斯基在评论尼古拉·果戈理时最有力地说明了这一点,他把果戈理的长篇小说《死魂灵》和短篇小说《外套》推为俄罗斯作家学习的榜样。① 陀思妥耶夫斯基已经是巴尔扎克的崇拜者;他发表的第一部作品便是这位法国作家长篇小说《欧也妮·葛朗台》(1833)的译文。他也是果戈理的忠实崇拜者,《穷人》的主角与果戈理《外套》的主角属于同一社会典型。但就陀思妥耶夫斯基而言,可以说他不仅穿上了外套,还把外套里朝外翻了过来。

其他文学影响

另外两位对理解我们将要讨论的第一部作品而言非常   10
重要的作家是尼古拉·卡拉姆津②和普希金。两人都与

---

① 尼古拉·瓦西里耶维奇·果戈理(1809-1852),俄罗斯现实主义文学的杰出代表之一。他后来的作品公开讽刺俄罗斯帝国政治和精神上的腐朽,最终促使他离开俄罗斯,并在一八三六至一八四八年间客居意大利。

② 尼古拉·卡拉姆津(1765-1826),俄罗斯作家、诗人、史学家和评论家,以其十二卷本《俄罗斯国家史》(*History of the Russian State*)而闻名。

《穷人》有关，而这一事实告诉我们一些关于陀思妥耶夫斯基的重要信息——作为作家，他发挥自己的个人经历进行创作，并化用自身时代的文化和观念来改写这些经历。他总是提供各种文化线索，仿佛是为了帮助我们理解其作品的意义。他希望我们不仅从笔下人物个体心理或冲突的角度来理解这些作品，还要从它们在俄罗斯文化环境中所传达的更为宽泛的意义来理解。

卡拉姆津在俄罗斯之外鲜为人知，但他是一位有着广泛影响的重要作家。他不仅写短篇小说，还写了一本重要的游记《一个俄罗斯旅人的信》，以及一部用平易近人的现代风格写就的俄国史，书中颂扬沙皇统治，认为在俄罗斯这样一个辽阔的国家，这是唯一合理的政府类型。陀思妥耶夫斯基晚年曾说，他是读着卡拉姆津长大的，其实四十年代人多数都如此。卡拉姆津与《穷人》的联系在于其最著名的短篇小说之一《可怜的丽莎》①，它也是以同情的态度处理卑微而受压迫的俄罗斯底层社会的命运。

在《可怜的丽莎》中，一个高度理想化的街头卖花农家女是全部优雅和美德的缩影，她爱上了一个年轻贵族，他向

---

① 《穷人》(*Bednye liudi*)和《可怜的丽莎》(*Bednaia Liza*)原文标题都以形容词 *bednyi*(贫穷的；可怜的)起始。——译注

她大献殷勤,后来却为了财产与自己同阶层的人结婚。可怜的丽莎后来在他们曾约会的修道院花园里投湖自尽。显然,由于这则短篇小说的流行,该花园后来成为浪漫约会和家庭野餐的首选场所。陀思妥耶夫斯基的标题让其读者联想起这则短篇。他的文体和手法完全不同,细节也更加粗犷,但陀思妥耶夫斯基的故事基本做到了用自己的方式表达同样的观点。

《穷人》中提及的另一位作家是普希金。年轻的陀思妥耶夫斯基很崇拜他。在陀思妥耶夫斯基母亲去世的同一年,普希金在一次决斗中被杀,而陀思妥耶夫斯基说,若不是因为他已为母亲戴孝,他也会为普希金戴孝。在陀思妥耶夫斯基生命的最后一年,他发表了一篇著名的演讲,宣称普希金是与莎士比亚、塞万提斯或歌德一样伟大的作家,在某些方面甚至更伟大。①

普希金的短篇小说《驿站长》是《穷人》的灵感来源之一。它再次体现了感伤主义的影响,可以看作是《可怜的丽莎》主题的延续,即底层社会面对居上位者权势时的无助。其目的也是引起人们对后来被陀思妥耶夫斯基称作"被侮

---

① 陀思妥耶夫斯基于一八八〇年在莫斯科的普希金纪念碑揭幕仪式上发表了《普希金演讲》。

辱与被损害的"人的同情。在普希金的小说中,又一个下层女孩——驿站长(其工作是为旅行者的马车换马)的女儿被一个路过的贵族勾引。他把她从其父亲身边夺走,让她当自己的情妇,待她非常好。但老父亲伤心不已,因为他觉得女儿受到了侮辱。他试图劝她回来,但遭到拒绝,于是开始喝酒,最终悲痛而亡。后来她回来在父亲的墓上哭泣。

12 作品再次将注意力引向底层社会的悲惨境遇,他们与社会上层具有同等深刻感受能力的事实,以及他们的无助。

另一位在《穷人》中被明确指涉的作家是果戈理,这里需要补充一些背景细节。四十年代中期,俄罗斯文学开始了一个新时期,被称为果戈理时期。陀思妥耶夫斯基紧跟着新的文学潮流。

文学评论家别林斯基称赞的写作类型之一是"生理随笔"。这些作品描述了平凡的城市生活和平凡人物的命运,这些人日常所做的都是些维系上层人士生活的任务——比如扫雪的守门人或走街串巷演奏音乐的风琴师。过去没有人会觉得这些微不足道的人值得文学关注。抑或即便他们出现,也不可避免地成为应被读者嘲笑的滑稽典型。

批评家别林斯基曾敦促各位年轻的俄罗斯作家以果戈理为榜样,其《外套》的主人公文书阿卡基生活在俄罗斯社会阶梯十分靠下的位置。他是为彼得堡的俄罗斯官僚机构工作，并维系帝国运转的文书大军的一分子。讲述其故事的叙事者面对他颇有优越感，常语带反讽，并让读者也产生同样的感受。这位抄写员对自己的工作极为满意，甚至回到家还会继续抄写，因为他太喜欢这份工作了。但若是让他总结自己抄写的文件的观点时，他就会觉得这实在太难。

果戈理书写的是下层社会，但他刻画人物时几乎不带任何正面色彩。局里的其他年轻文书取笑他，戏弄、折磨他，他不时抗议并质问："我对您做了什么？"一个新来的年轻文书被这种抱怨深深打动，以至于"在这句刺耳的话中，他听到了另一句话的回声：'我是您的弟兄'"。这种带有基督徒同情心的口吻仿佛被简短、隐秘地一笔带过，但叙事者告诉我们，它给这个年轻人留下了永久的印象。

故事情节如下，阿卡基要做一件新外套，因为他的旧外套已彻底磨烂，不能保护他度过俄罗斯的冬天。这件新外套价格高昂，他不得不削减餐食来存钱，当外套终于制成，他深感自豪，觉得人生从此改变。他的同事们开始对他多了几分尊重，因为他不再是一副衣衫褴褛的模样，正在他要变成人的当口，他的外套在夜里被人抢走了。他向当地的警察长官投诉，但不被理睬，并被扫地出门，随后他一病不起，很快就一命呜呼。但接下来出现了一个相当果戈理式的半超自然结局——从那时起，在阿卡基丢失外套的街区，过路人的外套纷纷被抢走，而人们认为犯案者是幽灵。直到把阿卡基赶出办公室的警察长官的外套也被抢走后，这一局面才告终，尽管幽灵继续在其他街区出没。他们究竟是什么人或造物，从来都没有得到明确交代，但当时的读者很可能会认为这都是在讽刺警察的低效和腐败。

陀思妥耶夫斯基遵循这一传统，书写同一社会阶层的人物，所以也遵循了别林斯基的建议。但通过将普希金的社会悲情与果戈理的官僚世界相结合，他改造了这些人物。最重要的是，他放弃了出现在这两个故事中的上层阶级叙事者，而是采用了一种让读者能由内部进入这个下层阶级世界的形式。我们将在下一讲中讨论这个问题。

第一章 《穷人》

陀思妥耶夫斯基的第一部小说是俄罗斯文坛的一个 重要事件。他在晚年回忆了《穷人》如何引起文学和社会批评家维萨里昂·别林斯基关注。陀思妥耶夫斯基将手稿借给两位年轻作家(诗人尼古拉·涅克拉索夫是其中之一,他本人很快也会成名),给他们留下了如此深刻的印象,以至于他们在大半夜把手稿带给别林斯基看,向他宣布一个新的果戈理诞生了。他们意识到这部作品非常契合别林斯基就俄罗斯文学应如何发展所做的公开评论。但这并不意味着陀思妥耶夫斯基和果戈理是那种追随者与文学带头人的关系。《穷人》既是对果戈理用讽刺手法刻画人物的某种回应,也是对果戈理所树立的文学榜样之延续。

小说以两位主人公——马卡尔·杰武什金和瓦尔瓦拉·多布罗谢洛娃间书信往来的形式呈现。书信体在十八世纪非常流行，尽管到一八四五年已多少有些过时。陀思妥耶夫斯基选择这种特殊形式是因为这与他在主题上的目的有一定关联。陀思妥耶夫斯基试图为其贫穷、卑微的主人公赋予人的尊严。书信体小说的著名例子——如理查逊的《克拉丽莎》、卢梭的《新爱洛依丝》和肖代洛·德·拉克洛的《危险关系》描绘的是上层社会和贵族人物的生活，他们有闲暇时间，也受过足够教育，让他们可以花时间给彼此写长信。通过选择这种形式，陀思妥耶夫斯基暗示，即使是最底层的文员和出身贫寒的姑娘（尽管她受过教育），也和那些出身更高社会阶层者一样，有着高雅的感受和敏感的心灵。

15

然而，书信体的另一个特点也很值得注意。这些信件的作者不仅雄辩地表达自我，且不受作者显见的干预。人物在此直接传达他们的想法和感受，而不像那些有第三人称叙事者的小说。读者立即被引入他们的意识，他们对自我的印象以及他们对世界的反应。这将是作家陀思妥耶夫斯基在手法上的一个独特特征，即使后来他使用第三人称叙事者时也依然如此。

除了四十年代的一个次要短篇外，陀思妥耶夫斯基再也没使用过书信体手法,尽管他还是会把书信纳入某些大文本。值得注意的是,即使他的笔下有第三人称叙事者,这个角色也会被削减到极致。他的人物常像在这些书信中那般直抒胸臆,要么通过独白(往往像是在自言自语),要么通过与其他人物对话。因此,陀思妥耶夫斯基常被称为"戏剧"作家,因为其作品中的这种直接对话十分重要。俄罗斯文学评论家米哈伊尔·巴赫金在其《陀思妥耶夫斯基诗学问题》中,认为陀思妥耶夫斯基创造了一种新的小说形式,即"复调"小说,因为他喜欢让笔下人人都以自己的方式直抒胸臆。巴赫金是一个重要而有趣的人物,他的思想在俄罗斯和全世界都产生了相当大的影响。巴赫金对陀思妥耶夫斯基的某些特点确实有洞¹⁶见,但他的许多概括我无法接受,而他说陀思妥耶夫斯基发明了一种崭新的小说形式,我一直觉得这么说太夸张了。①

　　最重要的是,《穷人》之所以引起如此大的轰动,是因为它是自然派作家第一部真正重要的作品。通常情况下,这一类写作主要包含了各种"生理随笔",它们几乎没有任

①　约瑟夫·弗兰克,《透过俄罗斯棱镜:文学与文化随笔》(普林斯顿:普林斯顿大学出版社,1989)。

何故事线，最多也只是非常简明扼要的短篇小说。然而，《穷人》不是随笔，而是部长篇小说，描绘了两位主人公的生活，还有一大批其他人物，也让读者瞥见下层人士（尽管他们已经算是下层之中受过教育的那一批人）在首都圣彼得堡的社会秩序中所遭遇的艰难困苦。

男主人公马卡尔·杰武什金是一名中年文书，他的姓在俄语中意为"姑娘"，故而兼具滑稽和反讽功能。而女主人公瓦尔瓦拉·多布罗谢洛娃姓氏的意思是"来自一座好村庄"，也可以指"播撒善"，她是个独自生活的年轻女孩，试图靠干裁缝活赚几个戈比。为什么她会沦落到这样的处境，我们只有读了后文插入的日记才会明白。

两位主人公关系非常疏远，虽然他显然爱上了她，但他也知道年龄差距使得任何他期愿的更为亲密的关系都不可能实现。但为了在经济上扶助她，他自己也陷入贫困，在第一封信中，我们发现他试图说服瓦尔瓦拉，自己并没有为了她牺牲太多或吃太多苦，尽管他说的一切实则表明情况恰恰相反。他的内心挣扎在文体层面被揭示出来，因为他的表述一直自我矛盾。他越是否认什么，那件事就会透过他提供的细节变得越发清晰——"更温暖的新居"其实是一栋拥挤的群租公寓楼里厨房的一个角落，他放弃了自己的房间，愈发落魄，与此同时仍竭力维

17

护自身的尊严。需要指出的一点是,这与果戈理的《外套》正好相反。阿卡基·阿卡基耶维奇·巴什马奇金的生活因得到一件新外套而立刻发生了滑稽的改善。杰武什金的生活则因他对另一个人的爱和自我牺牲而变得更糟。此外,他与果戈理的主人公形成了鲜明对比,后者全神贯注于自己,对周围世界缺乏兴趣,这证明了他心智和性格的局限性。

杰武什金和瓦尔瓦拉都对自己周围的环境特别敏感,以至于他们有时不见面是怕人怀疑他们在干什么不道德的勾当。尽管社会地位很低,但两人都对写作、出版于当代的文学作品感兴趣,这让陀思妥耶夫斯基能将他们(和他们的故事)置于当时俄罗斯文学的背景之中。

瓦尔瓦拉的遭遇只得到间接表述,但陀思妥耶夫斯基希望自己的十九世纪读者们能够理解他因审查而不能明说的内容。瓦尔瓦拉十七岁,她的过去在她的日记插笔中被揭示出来,其中也包括那种可一直追溯到西方文学开端的标准城乡对比。乡村是童年之地,因而意味着纯真,而城市则意味着腐朽和不道德。

瓦尔瓦拉随父母来到圣彼得堡,他们去世后,她被远房亲戚安娜·费奥多罗夫娜收留,后者的日子似乎过得比任何人以为的都要好,而她的收入和资本来源始终是个谜。 18

那栋楼里好像总有人不断进进出出，而此前瓦尔瓦拉的母亲更是拒绝与房子的住户有任何接触。陀思妥耶夫斯基借此暗示，这位亲戚从事的是不光彩的勾当，比如安排老男人和瓦尔瓦拉这样纯真的年轻姑娘进行皮肉邂逅。而这正是瓦尔瓦拉的遭遇：她被安娜·费奥多罗夫娜的密友、地主贝科夫（这个姓在俄语里意为"公牛"）强奸，且不想再待在安娜·费奥多罗夫娜那里。

还有一些人住在这栋楼里，或是时常来访客。瓦尔瓦拉稍小的表妹萨莎也是孤儿，也注定要和瓦尔瓦拉遭受同样的命运。另外两位人物相当重要。一位是老波克罗夫斯基（"波克罗夫"在俄语中意为"罩子、庇护或代祷"），这是陀思妥耶夫斯基作品中为数众多，常被称为"小丑"的同类人物首次登场。老波克罗夫斯基最接近果戈理的阿卡基·阿卡基耶维奇，但此处我们可以再次看到，尽管他跌到了谷底的谷底，但他看来仍受自己的良心困扰。老波克罗夫斯基是个根深蒂固的酒鬼，他为自己的堕落感到羞耻，这表明他并没有完全丧失对美好感受的认识，也没有失去是非感。在陀思妥耶夫斯基后来的作品中，这种角色类型会得到很大发展。

老波克罗夫斯基应当是患肺结核的大学生小波克罗夫斯基的父亲，瓦尔瓦拉显然对后者怀有少女般的迷恋，而他最终在瓦尔瓦拉日记结尾处死去。然而,仔细阅读后可以发现,地主贝科夫在这位大学生美丽的母亲与老波克罗夫斯基结婚前就认识了她,而且贝科夫在她死后还继续以某种方式照顾这个年轻人。这又是在让读者来填补陀思妥耶夫斯基作为作者不能明说的内容:小波克罗夫斯基是贝科夫的私生子,贝科夫导致他母亲怀孕后(他可能对瓦尔瓦拉也做了同样的事),安娜·费奥多罗夫娜把年轻姑娘嫁给了这个身无分文的前文书。这都是安娜·费奥多罗夫娜生意安排的一部分。

这部作品让人们得以一瞥这整整一条用骇人听闻的方式剥削女孩的利益链,以及当时俄罗斯社会对这种行为的接受程度。像这样创造一系列近似情况的片段是陀思妥耶夫斯基常使用的一种技法,他将继续使用这种技法,为他笔下的俄罗斯生活增添社会浓度。它还能通过对比人们对同一种境况的不同反应来调整他的基本主题。

小波克罗夫斯基在这里没有被很好地当作小说人物来拓展,但在陀思妥耶夫斯基后来的作品中,他成了一种非常重要的人物典型。他是第一个并非来自上层社会的年轻知识分子,在俄语中被称为平民知识分子(*raznochintsy*),即那些在彼得大帝建立的十四个社会类别系统中没有官阶(*chin*)

的人。① 在某种程度上,杰武什金也可以被认为属于这一类人,或至少渴望跻身其中,但由于他为官僚机构工作,他仍然不是这种人物类型的纯粹范例。作为一个群体,平民知识分子的区分特征在于他们身处既定社会生活秩序的所有普通结构之外。

尽管小波克罗夫斯基没有在此得到真正拓展,但他对普希金的崇拜值得注意,因为这预示了普希金主题在文本中起到的重要作用。瓦尔瓦拉和老波克罗夫斯基为了给年轻人买一套普希金作品集当生日礼物而付出了巨大努力,这被用来带出老酒鬼可悲的骄傲,并表明虽然他自己堕落,但仍真诚尊重体现在儿子身上的更高文化价值,尽管他很清楚儿子并不是他自己的。这几乎是本书主旨的一个缩影:在一个像他这样的人身上,存在着你绝对想象不到的,真正美好的情感和无私的行为。葬礼上,老波克罗夫斯基追着载有儿子灵柩的简易马车奔跑,口袋里的书掉了出来,这一幕感伤、动人而不煽情。评论家别林斯基写道,不取笑老波克罗夫斯基是不可能的,"如果在嘲笑……的时候,您不是同时为这种爱所深深地感动,那么您可别对什么人说

20

① 这个词的字面义为"来自各种官阶的人",实际语用中特指没有官阶或官阶较低,但有良好文化修养的人士。——译注

这种话,免得某一个波克罗夫斯基为把您当作一个人而脸红"。① 这种场景成了陀思妥耶夫斯基作为作家的一大特征,尽管它们后来从属于其他主题。

其实《穷人》不仅仅是一系列关于城市生活和城市典型人物的生理随笔,因为这些随笔是由一个中心故事支撑起来的。从外部看,小说的情节是两位主人公之间关系的故事,但从内部看,它是马卡尔·杰武什金本人内在发展的故事。他讲述了自己的生活,起初我们可以看到,他并未太偏离果理的主人公模式——他也为自己的工作感到骄傲。至少表面上,他似乎对自己的人生命运感到满意。在六月十二日的信中他写道,他吃的面包是自己的,是他通过劳动赚取并合法消费的。他知道抄写员很难说是一份很光荣的工作,但毕竟不是件不光彩的事情,再说它也是有益的。但就像果戈理笔下的阿卡基·阿卡基耶维奇一样,他成了办公室里的笑柄,始终被人嘲弄;区别在于,这种取笑让他很受伤。

我们可以说,陀思妥耶夫斯基在此发展了《外套》中诉 ²¹ 诸基督徒同情心的一个场景。陀思妥耶夫斯基让马卡尔·

---

① 别林斯基的文章重刊于《俄罗斯批评中的陀思妥耶夫斯基》(*Dostoevsky v russkoi kritike*)(莫斯科:国立文学出版社,1956),页16。译按:中译文引自《别林斯基选集:第六卷》,辛未艾译(上海:上海译文出版社,2006),页206。

杰武什金既极富自我意识，又善于表达，读者通过杰武什金的眼睛看这个世界，使之成为一种虫瞻式的仰视视角，却又不显得可笑；这种视角在文学中是新鲜事物。而且他非常有意识地以这种方式呈现杰武什金，我们可以从这位主人公八月一日的信中看到这一点——他在信中写道，自己是"一个穷人，总喜欢挑剔，他甚至用另一种眼光来看世界"，因为他过于忸怩，人们可能会看不起他，用蔑视的目光审视他。因此，杰武什金起初接受了自己的世界和低下的地位，虽然对自己被对待和看待的方式并不满意，但他的负面反应纯粹是个人层面的。在七月八日的信中，杰武什金接受了社会的等级区隔，认为这是上帝赐予的，但随着他和瓦尔瓦拉的处境愈发艰难，他内心开始涌现其他感受。而在九月五日的信中，杰武什金对他此前认为理所当然的社会不平等现象迸发出公然反抗。

他的散步始于运河畔昏暗、阴湿的凄惨街道，后来他踏上了有着炽热灯光、精致商店和时尚马车的涅瓦大街，通过将两者并列（以自然派生理随笔的风格），这些不平等得到了间接表达。突然，当他注视着马车上衣着华丽的贵族小姐时，他的一切悲伤都沸腾了，并开始质疑为什么丝毫不逊色于她们的瓦尔瓦拉要被迫受苦，并承受如此险恶的命运。

经过一番概括提炼,他的抗议超越了瓦尔瓦拉的个例,他痛斥当时贵族社会整个基础的不公正,这些基础完全建立在出身特权而非功绩之上。而且他将这些富有的贵族与那些尽管地位无比低下,但仍靠自己的努力而谋生者进行对比。杰武什金觉得,即使一个卑微的街头音乐家,一个手摇风琴艺人,也比一个无所事事的贵族更值得尊重,因为至少他微薄的收入是自己赚来的,他养活了自己。游手好闲的贵族和街头音乐人之间的这种对比,起初可能会让读者觉得只是在表达个人挫败感,没有太大意义。但在那个时代,尤其在俄罗斯这样的沙皇专制社会,这么写会被视为具有颠覆性,甚至是在宣扬社会主义。杰武什金对现存社会秩序的失望溢于言表,这与早期重要的空想社会主义者之一亨利·德·圣西门(1760–1825)相呼应——后者强调用自己的汗水挣钱养活自己的工作者在道德上优于那些实际上掌控着社会,且应对社会的低效和不公正负责的贵族。

因此杰武什金激动地奋起反抗自己的社会,而且他是非常自觉地这样做。更有甚者,他被自己的胆大妄为吓到了,很快便从那些他自知危险、不被允许的感受中退缩回去,因为它们违反了他作为一个忠诚臣民应该感受,且他继续在用自己人格的一部分去感受的那种完美服从。他甚至对自己的想法和感受表现出一种内疚,责备自己,并称之为"自由思想"。作家陀思妥耶夫斯基的一大标志就是创造了马卡尔·杰武什金这样的人物,他们陷入这种叛逆思想、冲动与内疚感之间的内心斗争。这种冲突后来会复杂得多,但陷入这种内心挣扎模式的人物会一如既往地出现。

杰武什金还描绘了街头的乞丐,由于他自己因贫穷而无法施舍,他斥责那些更富裕的市民,抨击自己社会的上层阶级,因为他们完全无视别人向他们发出的请求——"看在基督的分上",缓解下层阶级所遭受的部分苦难。在那个时代,这种对上层阶级缺乏仁爱的抨击同样可被视作在悄悄宣扬社会主义,因为圣西门把自己的学说称为"新基督教",而空想社会主义者认为自己是在把基督所宣扬的仁爱道德应用于当代世界的情景。

在随后关于靴子的讽寓段落中也提到了仁爱,这也是俄罗斯人所谓"伊索语言"的一个实例——用比喻来间接地讲述某些事情,以便通过审查。必须养活妻子、儿女的穷鞋匠完全有权只考虑靴子,即自己的直接经济问题。但住在同一栋楼里的富人其实也只会考虑靴子,尽管他们的钱财早已能够满足需求。为什么他们就不考虑一个更高尚的问题——用自己的财富来减轻别人的痛苦?此处杰武什金遵循了自己的建议——他给戈尔什科夫家捐了一点钱,因为他

23

们的苦难比他自己的更深重。这一真正的仁爱之举是陀思妥耶夫斯基用来展示同一主题动机内部近似差异的那种平行情境的又一个例子。

九月九日的信中也阐释了仁爱主题,信中描绘了杰武什金遇见主管其部门的将军一事。如今他已达到了屈辱的最底端,当被叫去见上司时,他吓坏了,瘫坐在椅子上,感觉仿佛连自己都不存在了。等我们审视《分身》时将进一步讨论这个问题。此处官员的行为与果戈理《外套》中的官员有明显区别。《穷人》中的官员并未因杰武什金衣衫褴褛,外套上的纽扣掉落在地(一个典型的陀思妥耶夫斯基式细节)而感到震惊,相反,他非常感动,给了他一百卢布。

对杰武什金来说,比收到一百卢布更重要的是将军与他握了手。握手不是一件寻常事,它是一种民主平等的姿态,上级从不与低级文书,即自己的下级握手。正因为如此,杰武什金被将军的姿态惊得不知所措,说那一百卢布对他而言并不如握手重要。虽然没有忘记卢布,但在这种交流中,得到强调的是精神或广义心理的重要性,即把卑微的、被羞辱的下级视作一个社会平等人士来对待。

在杰武什金九月十八日的信里所描述的另一个场景中,实利再次被置于道德、精神和人格尊严之下。这一场景中,戈尔什科夫最终赢得了诉讼,并因而有权获得一笔钱,但随后他在言谈中只提了自己的荣誉得到恢复。而当犬儒做派的作家拉塔济亚耶夫拍拍戈尔什科夫的肩膀，祝贺他即将拿到那笔钱时，杰武什金写道，戈尔什科夫把拉塔济亚耶夫的手从肩膀上挪开，看起来受到了冒犯。一边是物质与实利，另一边则是道德与精神，以及对人类人格的需求与感受，这两方面的对立对陀思妥耶夫斯基而言将具有重大意义。

很有必要提一下《穷人》对文学进程的涉及，它有两种表现形式：一种是通过雇佣文人拉塔济亚耶夫这个人物，此人与杰武什金住在同一栋群租公寓楼里，并以任何他认为可以卖出去的风格粗制滥造。杰武什金最初在六月二十六日的信中表达了对拉塔济亚耶夫及其作品的钦佩，使陀思妥耶夫斯基能够戏拟他和自然派其他作家所反对的各种写作类型。但小说中还存在着对老派浪漫主义小说段落更为间接、微妙的戏拟，这些小说中最上层社会的贵族人物会诉说不朽的爱或种种燃烧的激情。杰武什金对这种二流、老派玩意的崇拜可能会让读者感到好笑，但与此同时，它也的确展现了一种深刻的对比，一边是那些浮夸浪漫文字的虚假，另一边则是杰武什金本人因真实而引人怜悯的故事，他的爱以及他对瓦尔瓦拉的关怀是他活下去的动力，尽管与此同时他在贫穷中越陷越深。文本中甚至还有对果戈理一则幽默短篇的戏拟，烘托了即将出现的对《外套》的具体指涉。

25

我们能看到杰武什金在七月八日的信里，对这部短篇中充满滑稽优越感的、居高临下的语气和态度，以及对和他相似的人物予以（在他看来的）侮辱性描绘表示愤怒，而这部分也可以看作是陀思妥耶夫斯基本人的反应。阿卡基受到的羞辱让杰武什金极为感同身受，他抱怨说果戈理的这部小说如今会使他的生活更加艰难，因为他会感到现在每个人都一样看不起他，甚至没人会想到要给他一件外套或给他买一双新靴子。杰武什金期待看到一部小说能用远为正面的基调来刻画他，要有一个大团圆结局，要让他因自己的种种优良品行而得到上级嘉奖。虽然这一切看起来很天真，且也相当契合杰武什金的性格，但同时它也揭示了陀思妥耶夫斯基自己在此处的刻意作为——以一种复杂得多，容不下任何大团圆结局的方式唤起人们对杰武什金的同情。

引入普希金的短篇小说《驿站长》是为了平衡《外套》。这则小说对杰武什金很有吸引力。他在七月一日的信中写道，他感觉小说中父亲萨姆松·维林的悲惨命运不仅发生在自己身上，也遍布他周围。当他读到这位父亲成了一个无可救药的醉鬼，借潘趣酒浇愁，并因失去女儿而完全崩溃时，他的眼泪夺眶而出。这显然预示着杰武什金自己的命运——在与贝科夫的竞争中输掉了自己的"瓦连卡"（瓦尔瓦拉的指小表爱形式），前者回到圣彼得堡，并提出要娶她。

贝科夫没有任何内疚或悔意，他想让瓦连卡给自己生个孩子继承财产，因为他不想让其落入他不喜欢的侄子手中。鉴于自己的处境，部分也是出于怜悯已为她做了无数牺牲的杰武什金，她同意选择一种自己明知会痛苦的生活——嫁给粗鲁的贝科夫，然后被放逐到俄罗斯外省的穷乡僻壤。所以对瓦尔瓦拉和其他人物而言，本书的结局都是半悲剧性的。戈尔什科夫的荣誉终于得到澄清，但他死在了一切渐趋改善之时。而一旦瓦尔瓦拉离开，杰武什金显然会陷入困苦和毁灭。

杰武什金的最后几封信具有特殊意义，就像戈尔什科夫的死一样，它们将《穷人》的主题从纯粹社会-心理层面提升到了一个更高的层面，涉及的是人类生活中那些更难以被触及的问题。然而，此处它仍是一个非常次要的主题，更占优的还是不平等、不公正和屈辱这样的社会主题。杰武什金在情感层面上挑战这些不公，但他同时担心自己的态度可能被认为是颠覆性的自由思想。虽然他在情感上可能还没有准备好被动接受这种现存社会秩序，但很大程度上他还是继续坚持认为这是上帝赐予的，因此大体上不应被质疑。只是到了即将失去瓦连卡的关头，他才开始质疑上帝本身的智慧。杰武什金似乎是在慢慢接受上帝的旨意，但同时我们也可以听到微弱的抗议声，这预示了后来陀思妥耶夫斯基作品的发

27

展,尤其这种宗教或形而上倾向此后将压过社会主题,尽管两者总是会一起出现。《穷人》怯懦而犹疑地初次表达了神义论的恢宏主题——对上帝所创造的世界是否智慧的质疑,亦即对上帝本身的质疑,而它最终将在《卡拉马佐夫兄弟》中达到最高潮。

第二章 《分身》

陀思妥耶夫斯基继小说《穷人》后的下一部作品是《分身》①。这部中篇小说带来了很多问题，且比他的第一部作品更难讨论。首先，《分身》出版时并不成功，事实上，它在一段时间内毁掉了陀思妥耶夫斯基的文学声誉。尽管著名文学和社会评论家维萨里昂·别林斯基仍表达了自己对陀思妥耶夫斯基才华的钦佩，但他非常严厉地批评了这部小说，并说属于小说的主人公戈利亚德金先生的地方是精神病院而非杂志版面。顺带一提，这番话开启了整整一条批评路线，它将持续困扰陀思妥耶夫斯

---

① 这部小说有大量中译名，如《双重人格》《孪生兄弟》《同貌人》《化身》等，而我们认为《分身》是一种更为贴切的译法。——译注

基一生。批评家们一次又一次地抓住别林斯基的暗示，指责陀思妥耶夫斯基的笔下人物病态，完全不是俄国生活的现实写照。

如果我们将陀思妥耶夫斯基与他那一代的其他俄罗斯作家相比较，甚至将他的作品与寻常的小说相比较，这种指责都会显得有一定道理。的确，陀思妥耶夫斯基笔下的人物肯定不是那些平淡无奇的常见典型。陀思妥耶夫斯基本人很清楚这一点，并将自己的创作方法定义为奇幻现实主义。他承认自己的人物受到夸大，以种种极端，可能会被视为不正常，故而可谓奇幻的方式行事。但他也坚持认为，尽管如此行事，他们仍是现实的。在他看来，他们在以一种似乎不那么浓缩的形式，表现俄罗斯社会中普遍存在的理念和倾向。陀思妥耶夫斯基认为自己将这些趋势发挥到了极致，因此在这个过程中变得奇幻。但他并不认为这样做背叛了现实，恰恰相反，他认为自己是在描绘内在于俄罗斯日常生活的真正现实。多年之后，当长篇小说《白痴》出版时，他在给自己一位最亲密朋友的信中界定了他认为自己在做什么："我对现实和现实主义的理解完全不同于我国的现实主义者们和批评家们的理解。我的理想主义比他们的更现实。上帝啊！把我们大家，我们这些俄罗斯人……在精神发展上所体验到的东西清楚而又明确地讲一讲，——

难道现实主义者们就不会大喊大叫说这是奇幻吗?! 然而这却是古已有之的真正的现实主义! 这才是现实主义,不过是它更深刻,而他们的现实主义则是很肤浅的。"因此,陀思妥耶夫斯基后来说自己创作的是一种奇幻现实主义,一个听起来似乎自相矛盾的术语。

尽管陀思妥耶夫斯基不接受别林斯基认为《分身》病态的观点,但随着时间的推移,就《分身》而言,他开始感觉到针对它的一些批评是合理的。大家普遍认为它太过冗长,在文体上太像尼古拉·果戈理——并非《外套》中的果戈理,而是像其他一些短篇。陀思妥耶夫斯基几乎立刻就想要着手修改,后来终于完全重写了一遍并单独出版。但实际上,直到二十年后,他才把其修订版本收入自己的新文集中。

我们现在读到的版本并非初版,而是这一修订版,它不仅缩短了篇幅,且在格式上也有所改变。初版中每一章都以一个概括其内容的半滑稽标题开头,这种形式可以追溯到塞万提斯的《堂吉诃德》。例如,第一章始于这么一个副标题:"关于九品文官戈利亚德金如何醒来。关于他如何装扮自己,并出发前往他该去的地方。关于戈利亚德金先生如何在自己的眼里为自己辩解,以及后来他如何得出这样一条规则:最好是坦率地、不失高贵地勇敢行事。关于

30

戈利亚德金先生最后去了哪里。"小说再版还以一个新的副标题——《彼得堡叙事诗》——取代了初版的《戈利亚德金先生历险记》。

诸如此类种种改动，是为了尽可能减少嘲讽英雄体框架和它所营造的半滑稽氛围。陀思妥耶夫斯基显然感到，小说中这样把喜剧元素混合起来存在着某种不协调，而这个新的副标题给它披上了一层特殊色彩。戈利亚德金先生的历险实际上是圣彼得堡（充斥着职位和权力斗争的十八、十九世纪俄国都城）在俄罗斯文化中所象征的那种生活的一部分。

这部中篇小说初版十三年后的一八五九年，陀思妥耶夫斯基在一封信中再次回头对它做出评价，说他在这部作品中创造的那个人物类型就其社会意义而言是一个宏伟的典型。二十年后，陀思妥耶夫斯基在《作家日记》中再次提到《分身》。一方面他写道："在文学作品中我再也没有提出过比这更严肃的思想"——他指的是《分身》的理念。但随后他又说："可这篇小说的形式是完全失败了。"他从未解释自己所说的"小说的形式"是什么意思，但在更详细地审视这部作品后，我们将看到一种窃以为合理的意见。

31

正如《穷人》对果戈理的《外套》进行了再创作，《分身》也可以与果戈理的另外两部短篇小说联系起来，它们的基本主题都是被压抑的抱负，一篇小说将其与疯狂联系起来，而另一篇则是与纯粹的幻想恶搞（尽管其中也提出了一些社会观点）。第一则小说《狂人日记》是颗小宝石，其中夹杂了让人甚为悲悯的幽默，这是果戈理的天才特征之一，用普希金的话说，这叫"含泪的笑"。① 主人公又是一位文书公务员，与陀思妥耶夫斯基的马卡尔·杰武什金（《穷人》）属同一官级，他爱上了自己部门领导的女儿。故事由他的日记中的一系列记录构成，揭示了主人公如何逐渐丧失理智（或是一开始就已丧失），而读者则会读到其精神状况如何渐趋恶化。

日记中包括几封据信是两条狗之间的通信，其中一条狗属于这位女士。当戈利亚德金②从这些信中得知，她被一个更有资格的求婚者吸引时，这位主人公开始想象自己的地位不断提高。最后，他说服自己是西班牙的国王，因为

---

① 普希金"含泪的笑"这一说法是在对果戈理《狄康卡近乡夜话》（Evenings on a Farm Near Dikanka）第二版的评论中使用的，发表于《现代人》（Sovremennik），一八三六年第一期。见瓦·瓦·吉皮乌斯（V. V. Gippius），《果戈理》（Gogol, 1924），罗伯特·A. 马奎尔（Robert A. Maguire）编（密歇根州安娜堡：阿尔迪斯出版社，1981）。

② 原文如此。显然系《狂人日记》主人公波普里欣之误。——译注

他在报纸上读到说王位暂时空缺。他落入了疯人收容所，在里面受到残酷对待，起初他以为这其实是自己的加冕礼，但他最后只能悲惨地哭爹喊娘。读者通过他扭曲的幻想看到了他平凡生活中的琐碎事件，使这则短篇成为一部小小杰作。

果戈理的另一个短篇《鼻子》所包含的悲情色彩要少得多，更多则是直白的讽刺和幽默。它再次涉及一个官阶较低但非常自命不凡的官员，他一天早上醒来发现自己的鼻子不见了。小说本身的开头发生在定期为主人公刮胡子的理发师家，一只鼻子出现在他的早餐面包卷里。这名倒霉的官员喜欢被称作少校（而不是其相应的文职官衔），他在街上闲逛时，看到自己的鼻子穿着官阶高得多的制服，四处进行礼节性拜访。当少校试图收回自己的鼻子时，他被非常粗暴地赶走了，然后他在报纸上刊登广告，要求归还鼻子。还有其他一些饶有趣味的类似情节，都说明了失去鼻子如何搅扰了少校攀升社会阶梯的计划，不仅让他当不成将军，反倒让他的鼻子捷足先登。最终他找回了自己的鼻子，但叙事者最后承认，这一切都太费解，连他自己也不知道事情是怎么发生的。

因此，《分身》符合那种被称作俄罗斯霍夫曼主义的文学传统，也就是一批受德国浪漫主义作家 E. T. A. 霍夫曼影响的作家。① "分身"在霍夫曼的作品中经常出现，奇幻元素营造了一种超自然神秘的氛围。霍夫曼在各国都十分流行，也通过埃德加·爱伦·坡影响了美国文学，后者在一篇题为《威廉·威尔逊》的短篇小说中使用了分身动机。在皈依现实主义之前，别林斯基甚至曾宣布霍夫曼比莎士比亚更伟大。陀思妥耶夫斯基自诩在军校学习时读遍了霍夫曼的作品，时过境迁后的一八六一年，他将霍夫曼和坡作了比较，认为霍夫曼是比坡更伟大的作家，因为通过对奇幻元素的使用，他打开了理想的王国。② 关于陀思妥耶夫斯基也可以如此评价，尽管他的奇幻形式往往更接近寻常世界。

俄罗斯最优秀的文学批评家之一维克托·弗拉基米罗维奇·维诺格拉多夫说，《分身》是"对俄罗斯霍夫曼主义

---

① E. T. A. 霍夫曼(1776–1822)，德国浪漫主义作家、音乐家和法学家。他的短篇小说结合了现实、想象和恐怖的元素，又使用一种现实主义的叙事风格来讲述。芭蕾舞剧《胡桃夹子》(*The Nutcracker*)和《葛蓓莉亚》(*Coppelia*)也是由他的短篇小说改编而成。

② 费奥多尔·陀思妥耶夫斯基，《刊出〈埃德加·坡的三篇小说〉的前言》(Predislovie k publikatsii "Tri rasskaza Edgara Po")，载费·米·陀思妥耶夫斯基，《三十卷著作全集》(*Polnoe sobranie sochinenii v tridtsati tomakh*)，瓦·格·巴扎诺夫(V. G. Bazanov)等编(莫斯科；列宁格勒：科学出版社，1979)，第十九卷。这篇前言最初刊登于《时代》第十一卷(1861)。译按：中译文见《费·陀思妥耶夫斯基全集》第十七卷，页281–283。下文引用陀思妥耶夫斯基俄语《三十卷著作全集》时，我们用罗马数字表示卷数，比例号后阿拉伯数字表示页码，如Ⅸ：88–89；引用中译《费·陀思妥耶夫斯基全集》时，我们用阿拉伯数字表示卷数，比例号后阿拉伯数字表示页码，如17：281–283。

的种种浪漫主义'分身'进行的一次自然主义转化",转变为俄罗斯官僚世界那非常不浪漫主义的环境,因而追随了果戈理的脚步。但除此之外,《分身》也把这些浪漫主义"分身"转化为已在杰武什金这样的人物中塑造出的那种角色的社会心理。尤其应注意《穷人》里杰武什金被叫到其部门主管办公室的段落。他比以往任何时候都要害怕,惊慌失措给他带来的反应是假装自己不是自己。杰武什金希望眼下的自己消失,然后成为另一个人。在《分身》中,一个同样的反应导致戈利亚德金的人格实际发生分裂,并出现了一个自己的分身。同样的恐惧使他希望成为另一个人——但这一回,这个人能成功获得真戈利亚德金得不到的一切。与此同时,戈利亚德金对抱持这些欲望感到内疚,因为它们是对现有社会秩序的隐秘反抗。

虽然戈利亚德金与杰武什金来自同一个社会环境,但他们的个体性格却有相当大的差别。杰武什金陷入贫困和绝望是他试图帮助瓦尔瓦拉的结果,他怜悯处境比自己更糟糕的戈尔什科夫一家。他也梦想着改头换面,提高自己的社会等级,但这些抱负更多涉及的是文学与文化方面,与他的官运没有关系。尽管他真心爱着瓦尔瓦拉,但他知道年龄差使他们不可能建立起友谊以外的任何关系。另一方面,戈利亚德金则渴望得到自己部门主管的女儿克拉拉的垂青，尽管他几乎完全不了解对方。没有迹象表明他珍视她身上的任何东西，除了她令人垂涎的社会地位。

此外，戈利亚德金没有任何仁爱或自我牺牲精神，尽管他的经济状况比杰武什金好得多。读者可以看到戈利亚德金是多么小心翼翼地照看自己的钱财。在故事开始的那个早晨，他起床后做的头几件事就包括兴高采烈地检查自己的积蓄。他并不穷，且和仆人彼得鲁什卡一起住在自己的公寓里。他是所在办公室主任的助理，因此在官僚体系中地位也更高。可以想象，正是较高的地位最终导致了他自己跌倒，因为这驱使他再往上爬，进而质疑其上级的权威，从而违反了自己身处其中的社会的等级规则。陀思妥耶夫斯基在这里打破了先前在杰武什金身上建立的联系——一方面是他的贫困，另一方面则是他为获取承认和自尊而进行的斗争。这后一个动机在《分身》中占据了主导，但其形式让人很难对其感同身受，将其视为与社会不公的斗争。这就是为什么批评家维萨里昂·别林斯基称这个故事"病态"，因为大可认为戈利亚德金摊上这些麻烦完全是因为他自己抱负心太大。

写完《分身》一年后，陀思妥耶夫斯基发表了一篇文章，有助于我们更好地理解他试图在戈利亚德金身上塑造的人物类型，虽然他并没有在文中明确提及这部小说。文

35

章描述了现实生活中无法实现自我的各类人物的境况,并罗列了由此导致的种种反常行为。其中一种类型是一个人"出于抱负而发疯。可与此同时,他心里又相当鄙视抱负,甚至因为自己无法摆脱抱负而感到痛苦"。英语中的"抱负"(ambition)一词可以被译为一个近似的俄语词"野心"(амбиция,*ambitsia*),虽然这个词在英语里多多少少是道德中性的,甚至表示一种正面特征(在英语里"有抱负"〔ambitious〕不是一件错事),但在俄语中它带有一层负面含义。它往往意味着一个人渴望得到他并不真正有资格得到的东西。因此,戈利亚德金有野心,但同时又鄙视野心;所以故事的重点聚焦在这一内在冲突,以及它造成的种种麻烦。

《分身》的前几章精彩地描绘了戈利亚德金的人格在分崩离析成两个独立实体前渐趋发展的分裂。另一方面,我们看到他明显、可笑的欲望,渴望假装有更高的社会地位、更讨喜的形象。当他租用马车和制服来模仿比他更上层人士的生活方式时,他显然活在自己的欲望世界,而非现实之中。然后他又去购物,仿佛自己就要结婚,且已被接受为克拉拉未来的夫婿,自然这一切全都是幻想。有一个精彩的细节——作家甚至描绘了他把自己的钞票换成了小面额,以便让钱包看起来更鼓。

36

他的一部分人格滋长了这种自我欺骗的感觉,但另一部分则对自己的胆大妄为感到害怕——一旦被迫面对那些了解自己真实情况的人,他就会退缩。当他在马车上看到自己办公室的两名文书时,他躲开了他们的视线。而当他看到自己的办公室领导安德烈·菲利波维奇后,他的反应与我们讲解杰武什金时所指出的一样:"要不要鞠个躬呢?是否需要打个招呼?要么装作……不是我,是另外一个什么人,样子和我极其相似,相对而视,像什么事也没有发生似的?就这样:不是我,不是我,只能够这样!"(第一章)但后来戈利亚德金又鼓起了勇气(或试图这样做),叙事者反讽地说他"向马车靠前的角落投去可怕的恶狠狠的一眼,这一眼恨不得把他所有的敌人一下子全都烧成灰烬"。从叙事的语气中,读者可以猜到戈利亚德金实际投射出的凶恶有多少,而对他所认为的敌人之影响又有多小。

陀思妥耶夫斯基在这里采用了他惯用的技法:差不多是从故事的中间部分开始,然后要么像他在后来的小说中所做的那样,通过若干倒叙手法,要么像这里一样,通过戈利亚德金的就医经历,来揭示当前境况的起因。戈利亚德金的行为将其全部优柔寡断及其古怪举止的起源以一种戏剧化的方式呈现出来。他没有轮上晋升,他觉得这很不公平,并且坦承(哪怕是间接地),安德烈·菲利波维奇偏爱其侄子的做法让他愤愤不平。除了职位，这个侄子还得到了克拉拉，尽管本来她就几乎不可能对戈利亚德金有任何兴趣。从他与医生的谈话中可以看出，戈利亚德金对自己的胆大妄为感到恐惧，但他仍拒绝对自己承认，他的行为让自己陷入了绝境。随后的情节阐明了这一点：他试图进入那场故意不邀请他的晚会，然后被羞辱性地拒之门外。但他还是溜了进去，刻画戈利亚德金躲在走廊衣柜后心境的那几页写得很精彩。我们在这里可以看到叙事者仿佛沉入人物的意识中——这种手法将成为陀思妥耶夫斯基的特色，再后来还会成为他的麻烦——尽管在此处他写得很有反讽意味。

对克拉拉生日晚会的描绘值得关注：它实在太夸张，以至于读者当然知道其内涵与所述说的完全相反。这些官僚只是在徒劳地尝试模仿真正上流社会的礼节，而叙事者围绕他们所讲述的一切都表明，他们的环境是受贿和腐败的温床。例如，叙事者将克拉拉的父亲描绘成"……命运对他已经有所褒奖：赐给了他钱财、房子、庄园和一个如花似玉的女儿"。（第四章）

撇开如花似玉的女儿不谈，每个俄罗斯读者都会明白，一个公务员要想过上这种滋润的日子，靠的只能是受贿。至于戈利亚德金的对手弗拉基米尔·谢苗诺维奇，他"就差没有喊出声来：品德高尚能够使一个人达到如此崇高的地位呀！"（第四章）但我们知道，这位侄子只是通过裙带关系获得了晋升，这种赞美与事实恰恰相反。与这些飞黄腾达的无赖相比，可怜的戈利亚德金形象并不算太坏，毕竟他还曾相信恪尽职守能让自己升迁。

戈利亚德金被羞辱性地逐出晚会后，他的分身终于出现了。为了给读者做好铺垫，陀思妥耶夫斯基以历史小说的风格写了一个技艺精湛的关于圣彼得堡和暴风雪的段落。"彼得堡所有钟楼上的大钟……都会表明已经是午夜时分了。"（第五章）但更重要的是对戈利亚德金心境的描写——他的心境已达到了绝望的最低点。"戈利亚德金先生现在不仅想逃避开自己，他甚至都有心要自我毁灭，不愿活了，想化为灰烬。"（第五章）正是在这种情况下，分身终于冒了出来，仿佛是在回应这种渴望和这些感受。戈利亚德金确实变成了另一个人，他的外表形象相同，但人格类型已完全不同。他性格的两面分裂成两个部分，一面是他的野心，另一面则是展现这种野心所引起的恐惧。

《分身》的前五章展示了戈利亚德金试图在现实世界中证明自己。在这部作品的其余部分，我们看到他在进行一场徒劳的斗争，不想被自己的分身所取代，而后者知道如何取得戈利亚德金永远无法取得的成功。起初，戈利亚德金的分身谄媚、恭敬、讨好,甚至还向戈利亚德金乞求庇护。这种行径可能是想闪回到戈利亚德金自己事业的开端,当时他正在挣脱贫困和屈辱,对于诸如自己的部门主管安德烈·菲利波维奇这样的人,他想必也是如此行事的。可一旦分身获得戈利亚德金的信任,并获悉他的全部秘密,他就开始"背叛"他,就像戈利亚德金本人以不服从的姿态背叛了自己的上级那样。所以说,分身代表了戈利亚德金一直试图在自己内心压抑的所有面相,因为他知道它们违背社会规则;然而,他最终无法控制自己的野心。

正是在作品的后半部分,戈利亚德金试图证明自己是一个听话、顺从的下属,而他的分身则通过诡计和欺骗获得了晋升。最让戈利亚德金烦恼的是,他与自己的分身可能会被混淆,上级不会对他们进行区分,而他自己的美德也就得不到承认。因为分身是个流氓、无赖,而戈利亚德金"诚实正直,品德高尚,为人谦和,待人厚道,工作认真可靠,前程无量……可是万一……万一他们……把事情弄混了呢?!"如果他自己的美德得不到承认呢? 如果上级对他俩不加区分怎么办? 戈利亚德金越是被他的分身欺负、羞辱,他就越是诉诸自己的上级,请求他们施以援手。在一个暗示陀思妥耶夫斯基自己对受压迫社会阶层抱持同情的著名段落中,戈利亚德金觉得自己因其分身而沦为一块破布,甚至"这块破布会有野心，有灵性，而且有感情，虽然是得不到回应的野心和得不到回应的感情，而且是深藏在这块破布的脏兮兮的折缝里，但毕竟是有感情的……"（第八章）

戈利亚德金进入了一个与果戈理的狂人类似的自欺世界，最后的场景涉及了他的错觉——他假想自己与克拉拉有了罗曼史，并且还和她通信，这是对感伤浪漫主义小说的戏拟。小说中一个最逗乐的部分出现在最后这几章，它为戈利亚德金不断受到的惩罚提供了一些解脱——他自己在服从和反叛间的摇摆被转移到他与克拉拉的关系上，他在精神上斥责她不遵守社会指定给年轻姑娘的操行规则，与此同时又斥责她同意与自己私奔。小说以一个感人的场景告终：戈利亚德金被他的分身领进了此前把他扫地出门的房子。突然间，每个人都显得非常友好。他现在觉得与人类、命运都和解了，"他分明听见自己的热泪顺着冰冷的脸颊往下流动的声音"。（第十三章）但是，他们当然都只是在等着鲁坦施皮茨医生来把戈利亚德金送去精神病院。他在自己分身和医生的护送下离开，然后失去了知觉。醒来时，他看到鲁坦施皮茨医生化身魔鬼，用一口德语口音告诉他，他甚至不配享用自己即将得到的最低限度关怀，从而使他充分体验到内疚。

即使是改写后的缩减形式，这部小说仍有些重复堆砌，

40

但对戈利亚德金混乱意识的刻画还是非常出色的,显示了陀思妥耶夫斯基在心理描写方面的天赋。然而,陀思妥耶夫斯基本人认为这部作品因其形式而失败,尽管他并没有提供进一步解释。为理解他的苛刻判断,我想对他的想法做出一番自己的解释。

如果我们回到第五章,回到分身出现在戈利亚德金面前的时候,那么几乎毫无疑问,它的源头是心理上的,分身代表了戈利亚德金人格中他一直在努力压制的那些层面。通过打破所有合宜的行为准则,分身获得了戈利亚德金认为自己理应得到,却被不公正地剥夺了的成就。分身好似将戈利亚德金一直试图压抑的潜意识和那些非法的(就主流社会体制而言)欲望客体化了。因此,分身看起来是作为戈利亚德金的心理投射而存在,只有这样理解,才能触及他最深刻的意义。

然而,陀思妥耶夫斯基又给了分身另一个源头。仿佛分身在小说中也独立存在,与戈利亚德金的意识无甚关系,因为在文本中他至少被一位其他人物注意到。这是戈利亚德金的上司,他和戈利亚德金在一次谈话中说到了大自然的鬼斧神工造出了两个看起来一模一样的人,而且还在同一间办公室里工作。这第二个"可见的"分身削减并弱化了第一个分身——戈利亚德金心理斗争的投射——的意义,于是作品最重要的层面往往被人略过。

第二个"可见的"分身主要用于外在的喜剧效果，就像在《鼻子》中一样，因而再次削弱了陀思妥耶夫斯基希望传达的那种冲突的严肃性。可以说，陀思妥耶夫斯基在此时还太受果戈理影响——他模仿后者的游戏性，并回避心理上的深入探究。值得指出的是，当陀思妥耶夫斯基在后来的作品中再次使用分身手法时，那些分身总是只以梦境或幻觉的形式出现——也就是说，是一种严格意义上的心理投射。

不管它在形式上有什么弱点，陀思妥耶夫斯基也还是说过，《分身》所体现的思想比他对俄罗斯文学所做的其他任何贡献都要严肃。① 在没有进一步解释的情况下，我们只能猜测他的意思——也就是说，当他谈及自己的思想时，他实际上是指戈利亚德金的性格类型，一个徒劳地费力压制身上自己所不愿面对的人格层面的人物。他陷入了自身 42

---

① "这个中篇小说确实是不成功的，但是小说的思想是相当明快的，在文学作品中我再也没有提出过比这更严肃的思想。可这篇小说的形式是完全失败的。"《"Стушеваться"这个动词的来历》（The History of the Verb 'Stushevatsia'），载《作家日记》，鲍里斯·布拉索尔（Boris Brasol）译（纽约：八边图书，1973），第二卷，页882-885。译按：见XXVI：65-67；20：886-890。

抱负和服从压抑性外部权威之间的内在冲突,诚然,此处他的抱负谈不上高尚,但这种类型的内在冲突提供了一种心理模式,以后会被填入更重要、更高尚的替代选项。

在陀思妥耶夫斯基后来的作品中,权威不再是来自外部的压抑,而是得到了重新界定——它将体现于影响俄罗斯知识阶层的欧洲理念之中。因为那些受过教育的阶级如今陷入了内心斗争,而导致这种斗争的则是源自欧洲文化的无神论激进意识形态带来的瓦解效应。在陀思妥耶夫斯基看来,这些理念与天生具有道德宗教色彩的俄罗斯民族性格发生了冲突,而这就意味着基督教道德良知与这些理念之间的持续冲突。我们已经在杰武什金身上看到这种道德与反叛之间内在冲突的端倪,而在戈利亚德金身上它更为明显。尽管这类冲突的原因发生了变化,但陀思妥耶夫斯基已经能够预见到自己新角色类型的终极重要性。

虽然大家都认识到陀思妥耶夫斯基对戈利亚德金做了一番出色的心理刻画,但仍有几个原因导致了这部小说的失败:首先,它过于冗长,陀思妥耶夫斯基后来把它缩短了,意味着他自己也认识到了这一点;其次,这部小说的许多特征似乎对果戈理的模仿痕迹太重。二十世纪伟大的俄罗斯作家安德烈·别雷称之为"一条用果戈理的情节、姿态和音节变化拼成的花被子"。① 在戈利亚德金纷扰的意识中漂浮的一切不切题而无意义的指涉、典故最终都让读者感到无趣又无聊。读者也许还没准备好接受意识流手法。

但造成这种反应的最重要原因是，读者无法对主人公感同身受。在《穷人》中，杰武什金为瓦尔瓦拉而牺牲自己，而后者本身也是体制不公的受害者，因而读者很容易同情他们。然而，《分身》中的戈利亚德金并没有陷入贫困，也毫不关心他人。他的确受到了不公平待遇，因此也是一名受害者，但他所渴望的东西没有任何道德内涵——他无非就是想在社会等级中上升一些，而叙事者的反讽表明，这种等级制实则腐朽透顶。

因此，读者很难对戈利亚德金产生任何同情，因为比起那些正在压迫他的人，他完全没能体现出更多价值。事实上，根据批评家别林斯基的说法，戈利亚德金的生活本来是可以忍受的，若不是"他的性格上病态的委屈感和多疑"。② 此外，别林斯基认为，戈利亚德金的麻烦是他自己造成的，而他受的苦好像没有任何社会意义。他的观点并不全然合理，因为陀思妥耶夫斯基确实指出了戈利亚德金具有某些

---

① 《反叛的种子》，页308，中译本页399。译按：此处译文据别雷原文译出。

② 同上，页309。译按：中译文引自《别林斯基选集：第六卷》，页225。

或许能被视为正面的特征。与他的同事们不同的是，他不是伪君子或无赖。他真诚地相信自己身处其中的社会秩序正义、善良，这是他人格中的一面。他真诚地相信美德会得到回报，在这个意义上，读者可以觉得他天真，但他并不像其他人那样真正堕落。而且，当他的分身表明，他潜意识里知道这一切都是臆想，他仍继续保持这样的信念。正是这两者之间的冲突最终使戈利亚德金发疯。但是，通过如此彻底地内化主人公的冲突，陀思妥耶夫斯基为读者创造了一个特殊的难题。

44

在陀思妥耶夫斯基四十年代写下的其他作品中，也发生了同样的内化进程。甚至在很久之后的六十年代，《地下室手记》中也出现了与《分身》多少相同的难题。由于陀思妥耶夫斯基只通过其叙事者的心理来表达他的意识形态主题，这使读者很难把握作家自己的观点。

第三章 《死屋手记》

第一讲

陀思妥耶夫斯基的下一本书只是部半虚构作品，就是说，他写的每件事、每个人都真实存在（仅有的例外是一个框架叙事者〔frame-narrator〕）。这本书可以被称作半自传，描述了他在苦役营的经历——他在那里服刑四年，与书中描绘的那些农民犯人形影不离地吃住在一起。这本书写于《分身》之后十五年，这些年的经历标志着陀思妥耶夫斯基人生的一个重要转折点——无论是智识还是精神意义上皆然。他自己意识到了这一点，并在后来写道，这段时期标志着"自己信念的重生"。① 那些书写、评议陀思妥耶夫斯基的人用各种方式阐释了这句话的含义。

首先,我们需要仔细谈一下陀思妥耶夫斯基被捕的原因。他属于彼得拉舍夫斯基小组,这是一群空想社会主义者,他们每周在一个叫米哈伊尔·布塔舍维奇-彼得拉舍夫斯基的人家里聚一次,讨论种种时兴话题。彼得拉舍夫斯基与陀思妥耶夫斯基同岁,在外交部任职翻译。这个团体并没有什么秘密或非法之处,尽管他们讨论的那些社会问题在俄罗斯当局眼里是碰不得的。俄罗斯秘密警察渗透进他们的聚会,该小组终因进行这种颠覆性讨论而被捕,因为一八四八年欧洲各地爆发的革命导致对舆论的控制越来越严格——诚然这种"舆论"只是如今被称作俄罗斯知识阶层的那一小批人的看法。俄罗斯人口的绝大部分是农奴,而其中多数又是文盲。

总的来说,彼得拉舍夫斯基小组,或称彼得拉舍夫斯基党人(*petrashevtsy*),是一个完全无害的团体,根本没有革命倾向。在马克思主义兴起前,前一八四八时代的空想社会

---

① 费奥多尔·陀思妥耶夫斯基,《作家日记:卷一,1873-1876》(*A Writer's Diary, vol. 1, 1873–1876*),肯尼思·朗茨(Kenneth Lantz)译(伊利诺伊州埃文斯顿:西北大学出版社,1993)。译按:见 **XXI**:134;19:167。此处我们采用自己的译文。

主义者(《共产党宣言》发表于一八四八年)不相信阶级斗争,也不相信能尝试通过武力和暴力改善下层阶级的命运。他们希望做的是以身作则,和平改革社会,使其更接近基督所宣扬的仁爱道德。彼得拉舍夫斯基本人是傅立叶的追随者,在自己的小庄园里造了一个傅立叶称之为"法伦斯泰尔"的模范理想社区,这是一个合作性的集体结构,人们为了共同的利益在其中生活、工作。但在建成的第二天,农民就把它付之一炬。尽管如此,彼得拉舍夫斯基仍相信傅立叶思想的价值,以及一种新的社会道德——陀思妥耶夫斯基已通过诸如乔治·桑这样的新一代法国作家对这种社会道德有所了解。乔治·桑是一位用男性笔名写作的女作家,陀思妥耶夫斯基一生都很欣赏她。同样的道德在《穷人》中得到了表达,它呼吁富裕阶层为他人着想,而小说中对那位慷慨将军的描绘也体现了这种道德。所以说空想社会主义有很强的基督教成分,且在某种意义上,社会主义的这一方面始终伴随着陀思妥耶夫斯基的一生。

　　因此,陀思妥耶夫斯基深受这一理念——将基督教的这种仁爱观念应用于各种日常社会生活问题——影响。但另一方面,他并不接受各路社会主义思想家提出的为实现这一目标而完全重组社会生活的众多计划中的任何一种。这些思想家被称为空想社会主义者,因为他们每个人都制

47

订了某些方案,意欲从上到下重建社会生活,以实现一个理想的社会。据我们所知,陀思妥耶夫斯基不接受这些蓝图中的任何一个,因为它们过度侵害个体自由。尽管在他生命的这一时期,对个体自由的强调只是一种理论上的信念,但它很好地表明,陀思妥耶夫斯基对接受任何一位空想社会主义思想家所倡导的社会生活共同体组织计划持警惕态度。陀思妥耶夫斯基对个体人格自由的关切此时已显而易见,而之后我们将看到,当他在监狱里真的体验到集体生活为何物时,这种关切会变得非常重要。

尽管陀思妥耶夫斯基可以被看作是一类基督教社会主义者——他不接受任何具体的计划,但接受社会主义的种种理想——然而如今我们知道,就在被捕前不久,他加入了一个旨在发起革命的真正密谋。这种不一致该如何解释呢?

首先,我们不妨看看这些密谋者在酝酿一场怎样的革命。他们的主要目标是废除农奴制,也就是将绝大多数农民人口降格为奴隶的制度。俄罗斯是唯一尚存这一中世纪遗留问题的欧洲国家(尽管我们应当记住,当时奴隶制也存于美国南方)。陀思妥耶夫斯基很少参与彼得拉舍夫斯基小组的讨论,只发过两三次言。每当他发言,他总是在谴责农奴制的不公,而且他的发言总是如此慷慨激昂,以至于

48

别人也都注意到了他的激烈态度。他总是受到情绪的强烈驱使,这可能也有助于我们理解他为何会加入这个革命小组。而这种情绪或许也来自那些可能传到他耳朵里的谣言,说他父亲有可能是被农民杀死的,尽管关于他认为自己父亲是被杀害的这一点,我们只有非常间接的旁证。

作为一个鼓吹革命的空想社会主义者,他行为的前后不一也可以被赋予更大的意义。至此,我们可以判断说,他是一个基督教社会主义者,相信仁爱道德。但为了纠正一种他无法忍受的明显的社会不公,他同意诉诸暴力和流血作为矫正措施。事实上,他的密谋从未曾启动(对俄罗斯文学的未来而言是一件幸事)。然而问题的关键在于,陀思妥耶夫斯基能够理解,一个起初将最高尚的理想主义、最美好的道德原则视作目的的人,怎么会转而同意用最无情、凶残的手段来实现这些目的。这给了他一种洞察力,让他得以创造诸如《罪与罚》中的拉斯柯尔尼科夫这样的人物。这也影响了他对激进派的态度,他后来虽与这些人意见相左,但从不认为他们心怀恶念、道德败坏。

这有助于解释一些困扰许多传记作者的事情——他们注意到他后来对自己的服刑判决并没有心怀怨恨,尤其考虑到除了颠覆性言论之外,他似乎并没有任何罪过。这也导致了有关他受虐狂性格的种种理论。但让我们回想一下,他知道自己其实有更严重的罪行,一旦被发现,可能会导致重得多的判决,于是我们就能理解,为什么他后来好像觉得自己被送进监狱并非什么严重的不公待遇。现在出现的另一个问题是,得搞清楚在这一时期身为基督教社会主义者意味着什么。它意味着相信来源于基督教的爱与自我牺牲的道德。但它在多大程度上能表明陀思妥耶夫斯基也相信基督教的其他信条,比如基督的超自然起源和权能?了解陀思妥耶夫斯基在其人生这一关键时刻的信念是很重要的。他自己的著作在这个问题上似乎很暧昧,可能只会促成进一步的误解。我将试着解释一下我这么说的原因,以及我认为的真实情况是什么。

之前我们已经说过,对陀思妥耶夫斯基早期文学生涯产生最重要影响的人之一是维萨里昂·别林斯基,著名社会和文学评论家、政论家。别林斯基经历了复杂的意识形态演变,一八四五年,也就是他遇到陀思妥耶夫斯基的那年,是他自己发展的一个过渡期。四十年代初,他开始皈依法国空想社会主义,该思潮拒绝官方教会的许多神学信条,但仍接受基督的神性。可就是在这一时期,另一股来自德意志的社会主义思潮开始在欧洲各地与法国理念竞争。这就是路德维希·费尔巴哈的《基督教的本质》一书,它在整个欧洲产生了巨大影响,并被声望不亚于他的伟大小说家乔治·艾略特翻译成英语。该书还被译成俄语,并在地下流传。这本书引起了巨大骚动,因为它从根底里破坏了截至当时基督教和激进社会思潮之间尚融洽的关系。

50

费尔巴哈是哲学家,属于一个被称为黑格尔左派的群体[①],他们将当时在欧洲思想界占主导的黑格尔理念予以阐释和拓展,为其赋予激进和革命特征。卡尔·马克思也是从这个群体中浮现的。[②]《基督教的本质》不是论战文,而是一部严肃的神学研究著作,按照费尔巴哈在书中的阐释,基督教教义和教理并非超自然的真理,而是人类种种最高理想的投射。这些真理被置于某个超验王国,被认定系由上帝赐予人类,而它们实则是人类自己的创造。通过将这些最高理想置于上帝和基督身上,人类由此异化了自己的本质,并忽略了在尘世实现这些理想的可能性。这就是为什么卡尔·马克思把宗教称为"人民的鸦片",把它视作一种毒品,助人戴上枷锁,并因而成为人类进步的主要

---

① 又称青年黑格尔派,一个德意志知识分子团体,他们借鉴了黑格尔的一个理念,即历史的目的和前景是彻底否定一切导致自由和理性受限的事物。

② 更多关于黑格尔左派及其重要性的信息,参见卡尔·洛维特(Karl Löwith),《从黑格尔到尼采》(*From Hegel to Nietzsche*),大卫·E. 格林(David E. Green)译(纽约:哥伦比亚大学出版社,1964)。译按:中译本见洛维特,《从黑格尔到尼采》,李秋零译(北京:生活·读书·新知三联书店,2019)。

障碍。

差不多在一八四五年他遇见陀思妥耶夫斯基的那段时期,别林斯基开始受这些理念影响,而我们知道他们两人非常严肃地讨论了这些问题。陀思妥耶夫斯基在这些年,也就是自己创作的早期阶段,接受了别林斯基的所有理念。这让一些人认为,陀思妥耶夫斯基也接受了别林斯基的无神论,只是由于他在狱中岁月所受的种种困难而回归信仰。但实际上情况更为复杂。

如果我们审视一下这一时期陀思妥耶夫斯基的人生经历,就会发现他在一八四六年年中与愈发激进的别林斯基发生争吵。争吵的原因主要是文学方面的,但也有一些证据表明,争吵的另一个原因是陀思妥耶夫斯基拒绝接受无神论。① 但在与别林斯基争吵后,陀思妥耶夫斯基加入了另一个讨论小组,这也是一个空想社会主义团体,仍坚持最初激励他们的法国宗教思想。这表明,别林斯基没能让陀思妥耶夫斯基皈依无神论。彼得拉舍夫斯基小组的情况也是如此,其成员基本上都是傅立叶哲学的追随者。换句话说,陀思妥耶夫斯基在被捕时仍是一个有宗教信仰的激进

51

---

① 陀思妥耶夫斯基在三十年后写下的一篇文章里说:"我认识他的时候,他已是激进的社会主义者,他同我交谈径直从无神论开始。"(《反叛的种子》,页192,中译本页249)

派。这一问题非常有助于我们理解在被送去苦役营前陀思妥耶夫斯基身上发生的事。

被单独囚禁于圣彼得堡的彼得保罗要塞期间，他写了一部迷人的短篇小说，题目叫"小英雄"，其内容似乎完全没受他所经历的事情影响（也许他写这部作品就是为了忘记自己实际所处的环境）。六个月后，陀思妥耶夫斯基和彼得拉舍夫斯基小组的所有其他成员一起被带到彼得堡的一个被用作校场的大广场上。他们在那里得知自己都被判处死刑，并被列队送上一个平台。三个人已经被绑上木桩，蒙住眼睛，行刑队在他们面前就位。下一个轮到的就是陀思妥耶夫斯基，虽然他从未描绘过这些场面，但他在《白痴》的一个场景中化用了自己当时的一些感受，我们会在讲那部小说时讨论这一点。

根据其他描述，我们得以知晓，一切都被事先安排成要进行一场真处决的样子。可以看到边上停放着一辆装棺材的车，一名神甫拿着十字架走过来，犯人们纷纷亲吻十字架；一些人做了临终告解。随着一声令下，行刑队举起步枪；但随后包围广场的军团打起了退场鼓。作为一名前军官，陀思妥耶夫斯基明白这意味着什么——处决不会进行了；但当仪式进行的时候，他和其他所有人都相信，他们的生命会在大约半小时内终结。随后，一名使者带着真正的

52

判决书骑马赶到，最终没有人被处决。除了《白痴》里的那段话，以及陀思妥耶夫斯基三十年后的一些评论，关于这一瞬间最有说服力的信息来自一部回忆录，其作者就和陀思妥耶夫斯基比邻站在平台上，自然也是在等候处决。他提到，陀思妥耶夫斯基谈起了维克多·雨果的小说《死囚末日记》——一名等候处决者的日记。这部小说本身是对死刑的一次抗议，曾给陀思妥耶夫斯基留下深刻印象。但最重要的细节是他和一个叫尼古拉·斯佩什涅夫的人进行的交流，这是陀思妥耶夫斯基所在革命团体的主要组织者。尽管斯佩什涅夫是众所周知的共产主义者和无神论者，陀思妥耶夫斯基仍用法语对他说：*Nous serons avec le Christ*（我们将与基督同在）。斯佩什涅夫笑了笑，指着地面说：*Un peu de poussière*（些许尘土）。若有人想编一段话来阐明我一直试图表达的观点，那他不可能想出比这更好的内容了。因为这段对话恰好表明，陀思妥耶夫斯基不认为死亡是任何一种存在的彻底终结，而是一种过渡，是去往与基督对信奉者做出的不朽应许相契合的另一个地方。所以他仍是一名基督徒，而非无神论者。

53　　这一令人肝肠寸断的事件结束后，陀思妥耶夫斯基回到监狱，给哥哥米哈伊尔写了一封信。这封信是一份值得关注的文件，但尚未得到足够重视。如果说在陀思妥耶夫斯基的生命中,有什么可被称为至关重要的,在很大程度上决定了他未来发展的重大瞬间,那就是这次假处决经历。这封信记录了陀思妥耶夫斯基对这些事件的即刻反应,标志着陀思妥耶夫斯基的价值观和他对生命的理解开始发生变化。正是这种变化能够解释其四十年代的早期作品与六十年代后期作品间的部分区别。

只不过要用一种可以理解的方式讲清楚这些差异并不容易。它涉及我们在这些小说中看到的前景与背景间的切换。在他的早期作品中占主导的是寻常世界的种种问题——社交体验和社会问题。在抗议这些问题时,作家偶尔会提及作为万物创造者的上帝,但这都处在一个相当次要的层面,而在《分身》中,甚至颇有些滑稽(比如说提及上帝创造了两个完全相同的人)。后来发生的情况是,这种宗教或形而上视角大量跻身前景。社会冲突继续存在于情节层面,但如今投射它们主要依靠的不再是社会视角。

在《穷人》中,马卡尔·杰武什金一度差点就要指责上帝让瓦尔瓦拉从他的生活中消失。但这只是一次无关作品主旨的瞬间爆发。而到了后来的创作中,这种个人、社会和宗教元素的交织就来得重要得多。因此,陀思妥耶夫斯基后期长篇小说的氛围常被比作诗体悲剧,因为社会和宗教元素的这种交织在后者中远比在一般的长篇小说中更为常见。审视一下长篇小说的历史，我们就会发现，它多多少少曾是被当作诗体悲剧的对立面来创作的。其目的是戏剧化呈现人类生活中那些更为平淡和日常的素材。但通过将这些事件置于一种（用我的话来说）末世论视角中，陀思妥耶夫斯基成功将它们提升到悲剧的高度。末世论是一个神学术语，意指有关终末事物的学说——死亡、不朽、复活，等等。对陀思妥耶夫斯基而言，这些他极为关注的问题之所以进入前景，是因为在这次直面死亡的体验后，他似乎再也无法描绘人类的生活，除非它关乎人在类似危机时刻觉察到的这些终极价值、终极选择。

我们需要更仔细地审视陀思妥耶夫斯基写给他哥哥的信，以便了解其中揭示了他的哪些感受。有一点非常重要，那就是认识到生命本身的无限价值，无论它受到什么样的处境制约，而且（他在去苦役营的路上写道）他也知道这些处境可能得让他吃许多苦头。但现在他与外部生活的整个关系都已改变。他说："生命不管在哪里总是生命，生命在我们自己身上，而不是在外部。"[1]我们已经看到，他如何从

----

① 摘自陀思妥耶夫斯基于一八四九年十二月二十二日从圣彼得堡的彼得保罗要塞写给他哥哥米·米·陀思妥耶夫斯基的信，信中他讲述了自己的死刑判决、准备行刑的过程，以及最后一刻突然撤销判决的情况。（XXVIII：164；21：117）

杰武什金的贫困切换到戈利亚德金的更为内在的心理冲突。而在这里我们能看到,这种在他的作品中已经很明显的切换,如今变成一个积极原则,这种原则降格了物质和外在元素的重要性。应该根据周遭物质状况（环境）影响的结果来评判、评价,尤其是宽恕人的行为——没有什么比这种观念更会引起后西伯利亚时代的陀思妥耶夫斯基反对。等我们谈他的长篇小说《罪与罚》时,我们会尤其清楚地看到这一点。

　　在给他哥哥的信的另一段中,他定义了被赦免时的生命狂喜感。"生命是大自然的恩赐,生活是一种幸福,每一分钟都能成为毕生的幸福。"尽管时常贫困潦倒,又受到癫痫病困扰,陀思妥耶夫斯基的一生仍充满适应力和韧劲,这在部分程度上可能可以追溯到这种感受,即仅仅活着就是一件值得感谢的事情。但更核心的是强调眼下时刻的重要性,觉得生命的每一分钟都有巨大的价值,可以转化为"毕生的幸福",当然反之亦然。因此,人类会持续不断地面临着这类绝对选择,而这一点有助于解释为什么陀思妥耶夫斯基的主人公总是处于必须做出类似选择的危机境地。他笔下的人物大多生活在这种末世论忧虑的状态中,这就决定了读者对他们的看法和认知,以及陀思妥耶夫斯基所描绘的世界类型。在这个末世论忧虑的世界里,每一个瞬间都承载着最高价值。时间的连续性——承载历史现实与历史发展的那种时间——并不重要。当下的每个瞬间都必须做出某个决定性选择，因此对于有这种感受的人来说，长远的社会计划、未来人类的革命理想都不会有意义。个人的道德行为也是如此。重要的是每时每刻的行动，就在这一瞬间的行动，仿佛时间即将停止，世界即将终结。而这种行动会类似于陀思妥耶夫斯基在给哥哥的信中所表达的："在我心灵中没有恼怒和愤恨，在生命的最后一瞬间我真想好好地爱以前的任何一个熟人，紧紧地拥抱他。这是一种快乐，今天我在临死前同我的亲人们告别时体验到了这种感情。"因此，它产生的是一种需要互爱和宽恕的感受。

如何审视这种心理状态？如何将其拓展，让它不仅仅是陀思妥耶夫斯基一个人应对特定经历的纯粹个人反应？一种办法是将其与早期基督徒的心理状态进行比较。他们也生活在类似的恐惧与希望状态，类似的末世论忧虑状态之中，因为他们相信，基督再临已近在眼前，随时可能到来。这既意味着死亡和世界的终结，也意味着复活的希望，意味着只要不被判入地狱，就将进入某种未知的天堂生活。在阿尔伯特·施韦泽（译按：旧译史怀哲）的名著《找寻历史上的耶稣》（1907）中，他强调了这种末世论信念对基督教伦理学形成的重要意义。

施韦泽认为，基督教伦理学就是这种临时伦理学，所谓临时，是因为它只适用于耶稣受难到耶稣再临的短暂时期。而这就是为什么它对人性提出了种种如此极端的要求。在后来的基督教史中，当耶稣再临问题已退居幕后，这些要求在一定程度上被希腊和斯多葛派观念调整、缓和。但这里很重要的一点是，在假处决之后，陀思妥耶夫斯基继续以一种锐利的敏感去体认基督教伦理这一生死攸关的核心，并将其作为自己世界观的基础。为什么他只借助个人道德来为各种社会困境提供答案，尽管他总是在用戏剧化的方式呈现这些困境？这就是其中的一个原因。他的作品长处在于，他如此有力地向我们展示了为抽象或理论而牺牲个体和个人导致的悲剧；其短处在于，他无法用任何令人信服的艺术手法将个人和社会结合起来。但他真诚地尝试将基督教的各种绝对价值观当作人生指导，而这样的现代小说家屈指可数。而且他这样做的时候并没有拐弯抹角或妥协退让，而是充分意识到，这些价值观从理性自利和常识的角度来看满是荒谬和愚蠢。

因此，假处决标志着陀思妥耶夫斯基人生中的一个转折点，尽管需要时过境迁才能感受到它的全部影响。而这一经历在他的感知中激起的回响，无疑决定了他对紧随其后的苦役营生活的反应。

57

第二讲

填补了背景后，我们现在可以来看《死屋手记》的文本。在某种程度上，它是陀思妥耶夫斯基写过的最不寻常的作品。它既不是长篇小说，也不是关于他狱中岁月的直接自传。它可以被称作半自传。我这么说的意思是，他在文本中写下的一切事物，描绘的所有人物都是实际存在的，是他在监狱中接触过的人。苦役营的记录保存至今，而且这些记录与他关于自己的狱友告诉我们的信息在事实层面上多少相符，尽管有些细节并不完全吻合。例如，犹太囚犯伊赛·福米奇在记录中被归为皈依正教者，而书中并没有提及这一点——这两种情况其实恰恰相对。

另外，陀思妥耶夫斯基重新安排了各种事件的时间顺序，使其在叙事上有更大的冲击力。例如，读者会觉得第十章和第十一章中描述的圣诞节庆祝和戏剧表演就发生在入狱的前几个月。但它们实际上在陀思妥耶夫斯基入狱的第二年才发生。这本书就是这样被精心编排、构建的，我们之后再来讨论这个问题。首先我们必须考察一下，关于被迫和俄罗斯农民囚犯共处一室如何改变了陀思妥耶夫斯基的信念这一点，这本书能告诉我们什么。当他谈及"自己信念

58

的重生"①时,他想说明什么?

我们知道,陀思妥耶夫斯基曾参与过一次发起农民革命的密谋,我们也知道,这场革命在设想中应由他所属的秘密社团成员领导、控制。当时的假设是,农民会服从有文化群体的领导,就像在正常的社会生活中,他们在上层阶级的指导下执行自己的任务一样。

但陀思妥耶夫斯基在监狱里遇到的情况让他很快打消了这种想法。他在那里被置于与农民平等的关系上,或者说,实际上是处于一种更低的地位,因为农民在面对上层阶级时通常受到的约束已不复存在。正是在这里,他们可以表达自己的真实感受,也是在这里,陀思妥耶夫斯基体会到了真实存在的阶级仇恨之深渊。他描述了一个农民和一个来自上层阶级的人落入监狱后的不同感受。(第二部第七章)一个来自上层社会、受过西式教育的贵族永远不会被农民信任,或被视为朋友、同道。这与他的个人道德品质无甚关系,完全源于阶级差异和几个世纪以来形成的敌对情绪。在监狱里,这些敌意被公开表达出来。

陀思妥耶夫斯基在离开苦役营后写给哥哥的第一封信中说,若是可能,农民罪犯会把他和其他上层阶级囚犯活活

59

① 参见本章第一个脚注。

吃掉，他们是如此见外，如此心怀憎恨。他告诉自己的读者，你可能一辈子都和农民亲如朋友乃至父子，但你从不能真正了解他们。所有这些都只是一种"视觉上的欺骗"。（第二部第七章）只有当一个贵族被置于陀思妥耶夫斯基本人的处境，亦即当他被迫成为平民的一员时，真相才会浮现。

这两个群体之间完全疏离的后果在第二部第七章《请愿》中得到了非常清楚的阐明，这一章可以被解读为对陀思妥耶夫斯基曾经种种社会、政治幻想的评论。在这一章，农民决定抗议他们得到的糟糕食物，尽管这么做可能会导致他们受到最可怕的惩罚。陀思妥耶夫斯基对抗议的计划一无所知，因为农民们从没有想到过要告诉他这个上层阶级成员；他不是他们的一员，理由就是这么简单。听闻此事后，他也想参加抗议，但相当不情愿地被人抓着胳膊拉出请愿队伍，身后则是一阵阵嘘声和嘲笑。他说，"在囚堡里，我还从来没有受过这样的侮辱"（第二部第七章），这一点很让人惊讶。我们可以理解为什么这段特殊的经历会如此强烈地击中要害。他想必突然意识到，自己从前的那些革命思想真是轻浮得可笑。这无疑也是为什么后来他会坚信，所有革命呼吁在俄罗斯都注定要失败。民众永远不会对其做出反应。事实证明他是正确的——一直到十九世纪末。

这些事件和书中的许多其他类似案例都表明,陀思妥耶夫斯基感知到的是俄罗斯社会的基本问题:各阶层间的巨大分裂。这个问题该如何克服(如果有这种可能的话)?《死屋手记》中对这个问题没有给出直接答案,但读者可以从一些评论中推断出一些看法。书中有很多关于用鞭刑惩罚囚犯的内容,以及陀思妥耶夫斯基对这种惩罚形式慷慨激昂的抗议:"谁若一旦体验到这种毫无限制地主宰另一个同他一样的人……的肉体、鲜血和灵魂……这人就会不由自主地变得无法控制自己的感情。残暴是一种习惯;它会发展,最后发展成为病态。"(第二部第三章)有的长官实际上很享受这项任务。但陀思妥耶夫斯基也提到了一个古怪的事实——有一位叫斯梅卡洛夫的中尉长官,尽管他像其他人一样监督鞭打,但还是受到了罪犯们的爱戴。他没有因此被记恨,因为他只是在完成自己的工作,而另一位他提及的长官热列比亚特尼科夫则真正享受这种鞭刑,因而遭厌恶和鄙视。斯梅卡洛夫中尉是一个囚犯们"一提到……都很开心,而且十分欣赏"的人。一位长官能获得囚犯敬佩,这让陀思妥耶夫斯基感到好奇,因为在这个个案中,这种能力似乎克服了阶级隔阂,而这种隔阂是如此关键的一个问题。

是什么在斯梅卡洛夫中尉身上产生了这种效果?并不

是因为他企图假装与犯人平等来讨好他们。这种假扮成一个自己不是的人的做法只会招致犯人们的蔑视。真正的原因是——陀思妥耶夫斯基强调了这句话——他设法让他们觉得他是自己人。他知道如何与犯人们交谈，以便这种阶级差异在人情层面既能外在地得以保持，又能以某种方式内在地得以克服。陀思妥耶夫斯基把这称作一种特殊天赋，是一些上层人士与生俱来的品质——"他们身上看不到那种养尊处优的少爷作风，也闻不到那种老爷气味，而他们身上却有一种特别的普通老百姓的气味，他们天生就有的气味，我的上帝，老百姓对这种气味是多么敏感哪！"（第二部第三章）

这里重要的不是社会等级或地位的任何外在变化，而是传达一种人与人平等感的能力，这种能力让阶级障碍显得无关紧要。这其实与《穷人》中将军与马卡尔·杰武什金握手的那个场景并无二致，后者说这次握手对他而言比提供钱财重要得多。其中原因就是，握手是一种民主、平等的姿态，恢复了杰武什金作为一个人的尊严和自重。陀思妥耶夫斯基在斯梅卡洛夫中尉身上觉察到的那种东西，可以看作是对他已在《穷人》中展现的那种同情心的扩展声明，而这极大影响了陀思妥耶夫斯基后来的社会政治观点，以及他始终坚持的信念——解决俄罗斯的社会政治问题不在于对其政府形式进行任何根本改变。该由上层阶级去改变自己对农民的看法，不要把后者，尤其他们的宗教信仰视作无知、蒙昧和落后。与此相契合的是，书中描绘的许多由囚徒们（自然不是全部，而是多数）犯下的罪行在当时读者的眼里，可能都是对无法忍受的压迫进行合理反抗的结果。这些囚徒中有许多犯了杀人罪，但当陀思妥耶夫斯基描述案件的背景时，我们可以发现，在许多情况下，案犯被激怒而行凶都是因为受到的恶劣待遇超出了忍耐的限度。

《死屋手记》中引人注目的一点是宗教在书中扮演的角色。在农民罪犯，甚至是最麻木不仁的罪犯中间，宗教都时刻在作为一种控制力量显现。在关于圣诞节和复活节的章节中，宗教位于突出位置，陀思妥耶夫斯基讲述了市民送来的礼物，更重要的是，讲述了这些礼物的分配方式。囚犯们不断地互相偷窃，并永远在为某样东西属于谁而争吵。但现在"大家都十分满意；甚至根本没人会怀疑施舍品可能给什么人藏了起来或者分配不均这样的事"。（第一部第十章）宁静与和谐笼罩苦役营的时间很短，它源于对这个神圣节日的敬畏，因此陀思妥耶夫斯基发现，尽管农民们曾犯下种种罪行，但他们依然能够分享诸如和平、互信这样的基督教共同价值观。他们把自己的钱财交给旧教徒保管，因为他的信仰虔诚、真挚——这种信任也说明了这一点。

（第一部第三章）

陀思妥耶夫斯基表面上无法在囚犯身上发现对自己罪行的任何悔恨或自责，但重要的是，囚犯们仍认为自己的行为在上帝眼中是罪。在对复活节祈祷仪式的描绘中这一点得到体现。囚犯们被带进教堂，他们都参加了祈祷，买了一支蜡烛，随后当神甫念到"主啊，把我像强盗一样接受吧"时，他们都响着脚镣声匍匐在地。（第二部第五章）所以说，他们都在内心接受了对自己的这种称呼——自己在某种意义上是罪犯，这样一来，也就承认了现存道德法则的有效。这样一来，他们就总会有悔过自新、改变自身的希望。他们确实可能犯了罪，但他们还没完全变成犬儒。他们并没有丧失是非感，也未曾试图为自己的罪行辩护，说那根本不算罪。

在这方面，陀思妥耶夫斯基把他们与自己在监狱里最痛恨的人作了对比，陀思妥耶夫斯基用其姓氏的首末字阿-夫指代他。他不是农民，而是一个受过欧式教育的人，真名帕维尔·阿里斯托夫。（第一部第五章）他向秘密警察告发了完全无辜的人，以换取报酬，最后真相大白时，大家才知道这骗子是个最最黑心的恶棍。在监狱里，他成为虐待狂典狱长的奸细、信息员，专事举报其他罪犯。他受过良好教育，甚至长得也不赖，但心灵全然堕落、犬儒，只关心如何满足自己"最粗鄙、像野兽般最野蛮的肉体享受"。（第一部第五章）陀思妥耶夫斯基称他为"一个怪物，一个精神上的卡西莫多"，并且感叹道："不，宁可发生火灾，宁可得瘟疫和忍饥挨饿，也比社会上有这样的人强！"

对社会而言，这样的人是最大的祸害，远比农民罪犯和杀人犯更糟。一个像阿里斯托夫这样的人，蓄意抛弃对道德法则的一切尊重，拒绝对善恶做出任何区分，甚至对此感到享受。他所受的全部教育只是助长了他作恶、伤人的能力。农民们和受过教育的阿里斯托夫间的这种反差始终伴随着陀思妥耶夫斯基，对塑造他后来的观点至关重要。西式教育传入俄罗斯的结果可能是制造出像阿里斯托夫这样的人，他们削弱了由农民依旧信仰的基督教所灌输的道德准则。阿里斯托夫的名字出现在陀思妥耶夫斯基后来为《罪与罚》所做的笔记中，最初被用作斯维德里盖洛夫这个人物的原型。虽然他的罪行与阿里斯托夫不同，但他体现了陀思妥耶夫斯基目睹阿里斯托夫怀着非凡享受展现出的那种彻头彻尾的犬儒做派。

苦役营回忆录中还有一个人物也对陀思妥耶夫斯基产生了非常强烈的影响。他就是伊林斯基，被判定弑父的囚犯。陀思妥耶夫斯基后来将他的故事运用于《卡拉马佐夫兄弟》。这个囚犯被定罪完全是基于间接证据，而这个人物

64

给陀思妥耶夫斯基留下的印象（"我从来没有发现他有什么特别残忍的地方"）让他怀疑此人是否有罪。"不用说，我原来不相信他犯了这样的罪行。"（第一部第一章）但一连串事实是如此清楚，不由人不信。到书的后面，陀思妥耶夫斯基说，他获悉自己的直觉是准确的——有其他人招供自己杀害了伊林斯基的父亲。（第二部第七章）《罪与罚》中的人物拉祖米欣就抨击了人们依赖这类材料。正是这种间接证据看似令人信服，实则冤枉了伊林斯基。拉祖米欣认为，应该更重视人物的心理直觉。陀思妥耶夫斯基从一开始就非常怀疑伊林斯基的罪行，他依靠的就是这种直觉。

这本书还有另一些视角，有助于读者了解陀思妥耶夫斯基后来的另一些观点。虽然他算是某种基督教社会主义者，但他从未坚定跟随任何一种具体的社会主义乌托邦，因为他觉得这些乌托邦过度干涉个体的自由。在苦役营服刑前，他对这些乌托邦已经抱持理论上的反对态度，但他在那里的所见所闻极大地强化了他对这种自由之重要的信念。

65　陀思妥耶夫斯基在书中反复展现了人们在强烈情绪的控制下会以看似完全不合乎理性的方式行事。例如，那些被判处鞭刑的人，有时会自残自伤以拖延惩罚，尽管理性地看这么做没有什么意义：一旦他们被治愈，惩罚会照旧进行。这只是情绪战胜理性的一个小例子，罪犯生活的许多其他特征也说明了这一点。最引人注目的是囚犯对金钱的态度，他们中有许多人通过收工后在监舍中劳动赚钱。他们用这些钱来买伏特加、更好的食物、接触女人的途径等。读者自然以为他们会非常小心地积攒自己的收入，然后把它们用在能给自己带来各种感官和物质满足的各种手段上。

实际上，他们的行为在旁观者看来是毫无意义乃至疯狂的。他们会省吃俭用，直到存够钱去痛饮一番，并借此将所有钱财挥霍殆尽。他们狂饮后又会在营房里闹出乱子，有可能面临可怕的惩罚，然后落得一无所有的下场。这种行为是全然非理性的，但陀思妥耶夫斯基明白，它契合的是一种比金钱能买到的东西更深层次的需求。在第一章中，陀思妥耶夫斯基解释了这种行为的心理学。囚犯把什么放在比金钱更高的位置？答案是：自由，或至少是自由的幻觉，哪怕它转瞬即逝。

陀思妥耶夫斯基解释道，当一个囚犯挥霍自己的钱财时，他感觉自己是照其自由意志行事：他不是在服从命令或向规章制度低头。这种需要是如此之迫切，以至于有时犯人会彻底失控，让人觉得他真的已经疯了，就连那些模范囚犯也会如此。然而，也许引发这一切的都是"一种苦闷 66

的、阵发性的个性表现，一种对于自我的本能的烦恼，一种想要自我宣泄，表现自己备受屈辱的个性，这种愿望突然表现出来，以至于达到一种愤恨，一种疯狂，一种丧失理智，一种类似抽风般的突然发作"。（第一部第五章）陀思妥耶夫斯基把这种情况比作一个人被活埋，他醒来后试图掀开棺材，尽管他知道这是没有希望的。因此，人的性格中这种感受自由、坚持自己自由意志的需求是人格不可磨灭的一部分，或许还是其最强烈的需求。

对陀思妥耶夫斯基而言，这种对内在自由必要性的强调变得至关重要，而我们将看到，这会如何将其自己与六十年代的激进意识形态对立起来。但这种对立不再只是理念上的分歧。它变得更为深入，深入陀思妥耶夫斯基认为自己在监狱里学到的人生课的根基之中。我们会看到，他的一切经历都将汇集起来，强调感受、情绪、心理、非理性，以及满足内心情感需求比逻辑、理性、实用和功利来得重要。

这对陀思妥耶夫斯基的宗教信念产生了巨大影响。虽然我们对他在四十年代的积极宗教信仰知之甚少，但有一点似乎很清楚，那就是他从未转变成无神论者。他是一种复杂、进步类型的基督徒，很可能淡化了有关罪与恶的理念。他就像圣西门一样，认为宗教是一种社会福音，是将基督的道德准则应用于尘世生活。基督的神性、他的超自然存在，以及这对人的生活而言意味着什么，这类问题早先并不太重要。但假处决让陀思妥耶夫斯基开始把人的生活与超自然世界的永恒前景联系起来看待。再然后，在苦役营的某些观察加强了这种末世论忧虑状态。

我们在书中一次次地看到，不放弃希望——哪怕希望他们的命运能有最微小的改善——对囚犯来说是多么重要。例如，被铁链拴在墙上的人不会放弃服满这种惩戒的希望，然后他就又能在院子里走一走了。正是希望让人在最糟糕、最可怕的处境下还能活下去。在一个重要段落中，陀思妥耶夫斯基化用这一理念，使其触及关乎人类普遍生活的希望问题。他的处理方式使这段话可以被解读为不仅适用于此世生活，还适用于对来世不朽、永恒的希望。

这段文字涉及罪犯们所从事的强迫劳动，他们之所以认为这种劳动特别繁重，就是因为其强迫性，尽管作为农民，他们坐牢前干的一些农活明明更辛苦，但那至少是有意义的，他们能看到自己在执行一项有益的任务。但随后，陀思妥耶夫斯基以其标志性的想象力跨越，设想出一个有施虐癖的苦役营长官，给犯人们布置一项毫无意义的任务。例如把成堆泥土从苦役营一端运到另一端，然后再运回去。于是他写道："过不了几天这囚犯就会上吊自杀，或者干脆犯它一千次罪,宁可死,也不肯忍受这样的屈辱、羞耻和痛苦。"(第一部第二章)造成这种反应的原因是,被判执行一项完全没有意义的任务会使罪犯失去一切有关生活有某种意义的感觉,从而失去任何变化或改善的希望。

这段话是全书中最重要的段落之一。如果我们把它从监狱强迫劳动的语境调转到人类普遍生活的语境中,它会给我们一个绝佳的机会,让我们能洞察陀思妥耶夫斯基宗教信仰的根源。它向我们展示了,撇开各种神学教条或教义不谈,陀思妥耶夫斯基抱持人类必需宗教这一信念的原因所在——它可被称作这种信念的情绪与心理基础。对他而言,没有上帝、没有永恒的生活意味着被判决过一种无望的生活,这种生活归根结底只能将人的心理引向绝望和自杀。这是他最深刻的直觉之一,在其作品中反复出现。不难理解为什么陀思妥耶夫斯基选择希望和信仰而非理性,以及为什么他在后来的长篇小说中经常让那些做不到这一点的人以发疯或自杀收场。

从艺术角度来看,陀思妥耶夫斯基重新安排了苦役营中事件的实际顺序,使其更具冲击力。虽然看起来这本书只是一系列随机回忆,但这些事件被非常巧妙地组织起来,向读者传达了叙事者如何逐渐适应自己所遭遇的陌生而可怕的世界。前六章给出了监狱生活的全景图,契合了一个人进入陌生环境中,环顾四周确定身处方位的过程。叙事没有聚焦于任何一个人,把重点放在获得一种对整体的感受。只是在此之后,当叙事者对这个陌生世界渐渐习惯时,他才开始挑选出个别人并聚焦于他们。随后叙事者逐渐成为监狱集体生活的一部分,并作为所有人共同经历的生活之一部分,与他们融为一体。所以说,本书的结构被不露痕迹地巧妙安排过,以再现叙事者的内心经历;本书也因此预示了现代作家在重塑日常叙事顺序方面一些更极端的实验。

陀思妥耶夫斯基的叙事技法通常是主观的,从人物自身的意识中浮现(他是意识流小说的先驱之一)。但《死屋手记》是对苦役营世界的客观描绘,对其他犯人的心理分析非常少。即使他们讲述自己的故事,也或多或少地拘泥于事件,而非强调自己的感受。在这一方面,《死屋手记》从陀思妥耶夫斯基的其他作品中脱颖而出,且其中对景物和背景的纯描写都远多于他的任何一部作品。在其他作品中,这种描绘通常会经过人物感受的滤镜。有趣的是,《死屋手记》很受托尔斯泰推崇,因为他就是这种客观艺术家,而他对陀思妥耶夫斯基的其他书则不太在意。

叙事者(其实就是陀思妥耶夫斯基,尽管作者设置了关于杀妻犯戈良奇科夫的框架故事)几乎没有告诉我们囚犯们的内心感受,而他关于自己同样说得很少。重点聚焦在苦役营的生活和他人,而非叙事者的感受和想法之上——或者说,这些感受和想法是通过场景来传达的,就比如叙事者对沙里克狗(第一部第六章)和受伤老鹰(第二部第六章)的看法。鹰的场景和犯人对它的反应很好地展现了陀思妥耶夫斯基如何通过描绘这只受困猛禽,间接传达了犯人们的种种感受和渴望。

我们知道,陀思妥耶夫斯基在苦役营里对农民犯人逐渐显露出与一开始不同的看法,且平添许多好感,但对于这种转变并没有进行刻画。二十年后,他写了《农夫马列伊》一文,算是对《死屋手记》的一种补充,并解释了为何会发生我们上面说的情况。至于他为什么没有把这篇文章收入《死屋手记》,我们只能猜测:他很可能是觉得这篇文章过于私人,毕竟他的目的是把关注聚焦于他人身上。

70　　《农夫马列伊》①有助于我们厘清陀思妥耶夫斯基在苦役营的内心转变,至少是他多年后回忆的版本。是否应把它视作与囚禁岁月有关的严格意义上的自传性文本,还是说他是在以此总结自己在一段较长时期里的内心转变,这

_____

① 费奥多尔·陀思妥耶夫斯基,《农夫马列伊》。(XXII:48-49;19: 213-219)

一点并不能真正确定。文章里讲述的事情是,当他对狱友的可憎行径极度反感的时候,他经历了由自己的一段童年记忆引发的某种皈信体验。这次体验涉及对一起事件的回忆,当时他还是个孩子,父亲的一个农奴善待了大受惊吓的他。陀思妥耶夫斯基想起这段往事是在复活节周,犯人在这段时间有更多空闲,可以尽情地纵酒、争吵和狂欢。他离开营房以避开混乱场面,在外面遇到了一个和他一样受过教育的波兰囚犯,后者用法语对他说:"我恨这些强盗。"随后陀思妥耶夫斯基回到营房,躺在床板上,开始一如既往地思索往事,以逃避身边的龌龊勾当。这时他想起了发生在他父亲庄园里的事情——他仿佛听到有人在喊附近有狼,便跑向自己身边一个正在田里耕作的农民,父亲的农奴马列伊。

马列伊安慰了小男孩,摸着他的脸颊并为他祝福:"嗯,够啦,嗯,画个十字吧。""可是我没有画十字;我的嘴角还在颤动,这似乎特别使他吃惊。他悄悄伸出自己那粗大的、沾着泥土的指甲黢黑的手指,轻轻抚摩了一下我的颤动着的嘴唇。"陀思妥耶夫斯基继续写道,"他那时是我们自家的农奴,而我毕竟是他的小主人;没有人会知道他是怎样爱抚我的,他也不会为此而得到奖赏……大概只有上帝从天上才能看得见,这个有时粗鲁的、极端愚昧的俄罗斯农奴,

71

这个在当时还没有盼望自由，也没料到自己将要得到自由的农奴的心中蕴蓄着多少深厚的、开明的人性情感。"陀思妥耶夫斯基随后解释了这段回忆如何导致他在苦役营世界最初的恐怖感受发生转变。"我向外走的时候仔细地端详着迎面遇到的每个人的面孔。那个剃了光头、脸上带着烙印的受到侮辱性惩罚的农民喝得醉醺醺的，正在扯着嗓门瓮声瓮气唱醉汉歌曲，说不定这是又一个马列伊，只是我不能看到他的内心去。"

尽管这段话写于许多年之后，但如果我们把它视作陀思妥耶夫斯基自己对苦役营岁月影响的总结，我们就能理解，为什么他把这些影响说成是自己"信念的重生"。与其说是他的信念发生了变化，不如说是它从一个新的来源中显露出来。这就是假处决的经历，这次经历使他对基督教的构想更为深刻，不再只是把基督爱的教义应用于现代世界。如今基督教对他而言有了更深刻的意义——它与设想中来世的关系，而且他还确信，基督教的道德本质真正塑造了俄罗斯的民族性格。这些问题将成为他主要作品的主题。

第四章　《地下室手记》

第一讲

现在我们来分析一下一部被公认为陀思妥耶夫斯基伟大创作时期开端的作品。在此之前,他只是又一位很有天赋的作家,尤精于刻画病态的心理状态,以及戏剧化呈现心理危机时刻。《死屋手记》展示了他以一种全然不同的,远为客观和描述性的风格进行写作的能力,并因为让他最早得以成名的那种人道主义而重新牢固确立了声誉(虽然他再也没有尝试写作任何与他的狱中回忆录风格相似的东西)。

尽管在《穷人》之后,陀思妥耶夫斯基重点关注人物的内心世界,但他始终会利用这一关注点来表达某种社会-心理见解。有时这一见解表达得过于迂回，以至于很难领会，《地下室手记》的情况尤其如此。因此，尽管现在人们普遍认为它是一部小杰作，是他主要长篇小说的前奏，但它在发表时几乎没被人注意到。它分两期刊登在陀思妥耶夫斯基哥哥主编的杂志上，但这份期刊很快就从俄罗斯的文化舞台上消失了，而当时其他出版物也没有提及这部作品。

　　对它的初次重要提及发生在一八八三年，提及者是一位倾向于激进派的批评家，他称陀思妥耶夫斯基是"残酷的天才"，暗示陀思妥耶夫斯基自己有"虐待倾向"。① 这种对陀思妥耶夫斯基本人的攻击并没有延续下去，但它让人们开始关注他（在他们看来）如何刻画对时代公认道德标准的非难。这也是将基督教称为"奴隶道德"的尼采影响力如日中天的时代。"地下人"被认为出色地刻画了对陀思妥耶夫斯基本人曾经的人道主义的这种非难。毫不奇怪的是，有些人会认为陀思妥耶夫斯基自己也站在地下人这边。

　　批评界一开始关注《地下室手记》，它就被视为陀思妥耶夫斯基最重要的作品之一——没有他的主要长篇小说那般重要，但足以成为它们的前奏。这是因为地下人的心理

---

① 尼古拉·康·米哈伊洛夫斯基（Nikolai K. Mikhailovsky），《陀思妥耶夫斯基：残酷的天才》（*Dostoevsky: A Cruel Talent*），斯潘塞·卡德默斯（Spencer Cadmus）译（密歇根州安娜堡：阿尔迪斯出版社，1978）。

被特地建立在一种特殊意识形态语境的基础之上。在《穷人》和《分身》中,杰武什金和戈利亚德金的反应或多或少是由他们在俄罗斯国家的社会等级中的地位所决定的。但在《地下室手记》中,地下人的反应源于各种特定的意识形态语境。而这在很大程度上为后来长篇小说中的各位主人公设定了样板。

《地下室手记》如今已经非常著名,这是一部有些晦涩难懂、错综复杂的小杰作。地下人已成为现代文化中反抗理性的一名象征性人物,并被认为代表了人类心理中丑陋或光辉的潜能(取决于读者的视角)。他象征着一种无情的意志,要把所有守旧和伪善从实则只关心自身需求的自我身上剥得一干二净,尽管人们都试图掩盖这一糟糕的事实。在一个后来为人熟知的段落中,地下人告诉向他求助的可怜的妓女丽莎:"我要说,让世界毁灭吧,为了我能永远有茶喝。"(第二章第九节)这句话被视作陀思妥耶夫斯基眼里关于人性的终极真理。这句话很受尼采推崇,且正是由于尼采对十九世纪末俄罗斯文化的影响,《地下室手记》才被重新评价,并在这个意义上得到阐释。

如此阅读这部作品自然是完全可行的,而且很多著名批评家都这么做了。但读者应该意识到,我们进行这种阐释是在为自己的目的利用这部作品,是在诉诸我们自己时代的文化关切,而非真正去理解它。首先,读者可能会被驱使认为地下人是在代表陀思妥耶夫斯基发声,而上面引用的那段宣言里的话应该从字面上来理解。但地下人是一个虚构人物,不能想当然地觉得他在直接为陀思妥耶夫斯基发声。把人物的话和作者的话混为一谈是一个基本的批评错误。

我们也不能忽视某句话是在什么情境下说的,以及应该在什么语境下理解它。例如,读者应该考虑关于茶的这一声明是在什么场景下说的。很明显,不应认为地下人是在宣称自己可以免受那些妨碍他人的愚蠢道德偏见的影响,尽管他是在愤怒情绪的驱使下说出了这番话。而如果结合语境来理解这番话,你会发现其实他表达的是自己的软弱、无助,以及面对一种他已不足以掌控的局面时的力不从心。同样明显的一点是,妓女丽莎自身有能力去真正地爱一个人(而地下人似乎无法超越自己的自我),所以应被认为在道德上高于地下人。如果说有人能代表陀思妥耶夫斯基自己的价值观,那这个人是她,而不是地下人,尽管她是个蒙羞的妓女。(我们将在《罪与罚》中看到同样的模式。)所以说,在阐释这部作品时,我们是否应该干脆忽略这些事实,把关于茶的那段宣言挑出来作为关键句,就因为我们觉得从尼采哲学的权力意志角度来审视人性更现实,更

75

有意义?

我们当然能以任何我们想要的方式利用过去的作品。但请不要把这种利用与试图从其自身历史角度出发去理解它混为一谈。现在有一种时兴说法,认为既然我们永远不可能从过去的角度出发真正了解它,那我们不妨停止尝试,按自己的角度来思考它。无论如何,不管我们是否愿意,我们都不可避免要这样做。问题很复杂,而我自己的立场很简单。我们可能无法了解过去真实的样子,但我们没理由不尽我们所能去了解一下。试一试总没有坏处,而且这么做或许也能让我们避免各种非常明显的历史错误。

所以,如果我们试图对《地下室手记》进行真正的阐释,那首先要做的就是努力想象自己回到写作这部小说的那个世界中去。让我们回忆一下陀思妥耶夫斯基自己的历史处境。他在遥远的西伯利亚待了十年,在一八六〇年回归并重操旧业。他在回来前写了两部小说,但如我们所知,他的声誉是由《死屋手记》重新建立的。在审视《地下室手记》前,很重要的一步是先了解一下陀思妥耶夫斯基在西伯利亚发生了什么,以及当他不在的时候,他的故土在意识形态上都发生了哪些变化。

首先,陀思妥耶夫斯基在那时已经相信,俄罗斯真正的社会-政治问题主要是道德问题。换言之,农民对地主的仇恨只能通过上层阶级内在转变自己的态度来克服。其次，知识阶层认为自己能领导、控制一场农民革命，当他在苦役营了解到实情后，这一点显得荒谬无比。而在更个人的层面上，过去他就认识到，人的人格有自我表达的痛苦需求，如今他还知道，若这种需求得不到满足，个体会选择非理性的自毁。最后，如果把这一点上升到形而上层面——我们都需要生活在一个有意义的，不会嘲弄人的自我意识与人格尊严的世界里。

理解这一切很重要，因为它有助于解释为什么陀思妥耶夫斯基在六十年代初发现自己已经站到了激进知识阶层的对立面。无论是政治还是文化意义上，这都是俄罗斯历史上最重要的时刻之一，而我们只能以理解陀思妥耶夫斯基在这一时期发生的事为目的，勾勒一下时代背景。让我们从最重要的历史事实开始。陀思妥耶夫斯基回到圣彼得堡的时候，沙皇尼古拉一世已经去世，亚历山大二世取而代之。沙皇亚历山大二世不是狂热的激进派，但他足够聪明，意识到农奴制必须废除。他被称为"解放者沙皇"，而我们应该记住的是，这种解放正是陀思妥耶夫斯基曾经所属的革命团体的目标。因此，沙皇完成了陀思妥耶夫斯基自己最深刻的愿望，从那时起，陀思妥耶夫斯基成了沙皇政权的

77

忠实支持者。

另外,亚历山大二世还放松了一些警察国家的管控,放宽审查制度,并启动改革司法和军队的各种计划。起初,这在国内营造了一种欢欣鼓舞的氛围,而陀思妥耶夫斯基就是在这段大家都支持亚历山大二世的好感期归来的。但很快就出现了新的竞争和紧张,知识阶层分裂成若干激烈的敌对派别。

在陀思妥耶夫斯基离开的十年间,意识形态舞台上出现了新一代人物,他们的领袖是车尔尼雪夫斯基和杜勃罗留波夫等人。[1] 此二人的成长受了诸如维·别林斯基这样的四十年代激进派的著作的影响,尤其是他受黑格尔左派的无神论和唯物主义影响的末期。后来我们知道,六十年代人的智识领袖并未被早期空想社会主义的感伤人道主义及其宗教色彩所触动。他们保留了自己的社会-政治目标,但试图将其置于一个在他们看来更为理性的新意识形态基础之上。一个有趣的事实是,六十年代的许多虚无主义者(后来人们这么称呼他们)是神甫之子,曾在神学院接受教

---

[1] 尼古拉·加夫里洛维奇·车尔尼雪夫斯基(1828-1889),一位有影响力的俄罗斯哲学家、评论家,领导了十九世纪六十年代的革命民主运动。尼古拉·亚历山德罗维奇·杜勃罗留波夫(1836-1861),俄罗斯文学批评家、新闻工作者和诗人。

育。而他们一旦受到路德维希·费尔巴哈影响并皈依无神论，就开始对基督教产生强烈的敌意。

然而，新一代人所采纳的哲学几乎可以说是最让陀思妥耶夫斯基反感的。虚无主义者不仅是无神论者和唯物主义者，还是决定论者，他们直截了当、毫不含糊地否认人性中包含任何能被称为自由意志的东西。车尔尼雪夫斯基在一八六〇年写下一系列著名的文章，称为《哲学中的人本主义原理》，至少在接下来的十年里成了俄国激进派的一份宣言。他在这部作品中直截了当地指出，不存在自由意志这回事。人类的每一个行为都可以被解释为某些科学定律运作的结果，而自由意志的概念只是种幻觉。在阅读《地下室手记》时，牢记这一背景是非常重要的。此外，车尔尼雪夫斯基还受到诸如杰里米·边沁①这样的英国功利主义思想家影响，并将他们的学说当作自己伦理哲学的基础。

根据这些观点，控制人类行为的不是自由意志这样的老式概念，而是愉悦和痛苦原则。人根据事物是否对他有益而行事，以满足自己的渴望和需求。人从根本上说都是利己主义者，主要为自己的利益而行事，并不真正为他人着

---

① 杰里米·边沁(1748-1832)，英国哲学家、法学家、社会改革家，现代功利主义创始人。

想。但这并不意味着他们一定邪恶或自私。由于他们行为举止的标准是一件事是否有益,理性会向他们证明,最有益的事就是与他人合作和帮助他人。车尔尼雪夫斯基称自己的哲学为理性利己主义,它建立在一种绝对信心之上——相信人类的理性能控制激情、情感与日常的自私力量。由于这些年的所见所感,以及在《死屋手记》中表述的那些思想,返回圣彼得堡后的陀思妥耶夫斯基决不会认同这种观念。

关于六十年代初的社会政治和文化状况应该再补充几句。支持亚历山大二世的知识阶层联盟很快就分裂了,因为激进派(他们是对的)认为,尽管农民已被解放,但他们仍然背负着太沉重的债务负担:他们必须从地主那里购买自由。于是激进派再次与政权为敌;事实上,正是在六十年代初,俄国开始出现可观的地下宣传鼓动。四十年代的上一代人总体上相当支持政府,虽然也不是不加批判。而对陀思妥耶夫斯基这样的人来说,他解放农民的梦想如今已实现,沙皇的行动是一次伟大的道德胜利。陀思妥耶夫斯基和其他许多人一样,担心地下反对派的崛起只会导致新的镇压和政府加紧控制。

而这正是六十年代初革命传单开始在圣彼得堡各地散播后发生的事情。陀思妥耶夫斯基被卷入一八六二年的一起事件。当时他发现其中一份宣言被嵌在自家门把手上，发布者是一个名为"青年俄罗斯"的团体，内容相当具有煽动性。它呼吁屠戮上层阶级，包括沙皇及其家人。看到这份传单，他很担忧，立即去拜访了车尔尼雪夫斯基，尽管与后者并不相熟。车尔尼雪夫斯基被认为是激进派的启迪者，陀思妥耶夫斯基要求他公开宣布自己不赞成这种血腥煽动。车尔尼雪夫斯基对陀思妥耶夫斯基否认自己与他们有任何联系（尽管并非全然如此），他后来还就此事写了篇文章，暗示他觉得陀思妥耶夫斯基歇斯底里，并试图让他冷静下来。① 这里重要的一点是，要看到陀思妥耶夫斯基认为此事与自己紧密相关，并且试图进行干涉。无论当时还是后来，他始终认为自己的公共角色是调解人，而非某个派别的强烈拥护者。此外，即使他可能会同情激进派的某些目标，但他认为试图通过彻底的反叛来实现这些目标只能导致灾难。

他在这几年还出版了两部对《地下室手记》有直接影响的作品。其一是一系列旅行札记——《冬天记的夏天印象》，一八六二至一八六三年冬刊发在他的《时代》杂志上，

① 约瑟夫·弗兰克在旁注中说："车尔尼雪夫斯基本人是否与散发这份宣言的团体有联系，这一点从未得到证实。"

系根据其一八六二年春夏的第一次欧洲之行创作。这些札记构成了一份诱人的文献，需要注意的是，叙事者——当然就是陀思妥耶夫斯基本人，不过是以一种高度风格化的形式——与后来《地下室手记》的叙事者有很多相似之处。他易怒、暴躁，担心自己的肝脏，而且非常好辩。更有甚者，《地下室手记》的语调、立场，乃至某些主题都已在此出现。

这些文章的叙事者是个很有代表性的人物，不仅代表了陀思妥耶夫斯基本人，还在总体上代表那些受过教育，对欧洲又有复杂观感的俄罗斯人。一方面，欧洲拥有俄罗斯人所受的教育教导他们要觉得美好、伟大、光荣和非凡的一切。另一方面，叙事者发现，他自己的反应与这些先入为主的观念并不一致。陀思妥耶夫斯基知道，他的读者，也就是那些受过教育的俄罗斯人自己同样也有一些先入为主的观念，所以他开始自嘲无法恰如其分地体验欧洲。但与此同时，他觉得自己的反应比被灌输的那些先入为主的观念更为真实、自然。于是他用一种反讽的口吻取笑自己。但他这样做其实是在把自己的反讽指向那些同样在读其《冬天记的夏天印象》的人，指向他们的陈词滥调和老套观念。读者于是被悄悄带入作品，成为其中的一个角色，就像《地下室手记》的情况一样——读者可能就成了地下人暗指的那个和自己作对的活动家。我们还在《冬天记的夏天印象》

81

中发现了双重反讽,也正是它使得《地下室手记》如此难以阐释。这指的是叙事者既在嘲讽自己,但也在嘲讽那些在他看来正在评判自己的读者。

《冬天记的夏天印象》中这种双重讽刺的来源不仅是心理上的,也是社会-历史层面的。它产生于受过教育的俄罗斯人对那让他们又是仰慕又是怨恨的欧洲文化的精神分裂。他们被教导要相信(而且他们也确实相信)欧洲文化更优越,但与此同时,照陀思妥耶夫斯基的说法,所有受过教育的俄罗斯人暗地里都是斯拉夫派。因此,受过教育的俄罗斯人内心发生分裂,一边是它以为它所相信的,另一边则是它的真实感受。《冬天记的夏天印象》之所以重要,是因为我们看到陀思妥耶夫斯基如何在他的心理学和他的意识形态之间建立联系,而这对他之后的那些长篇小说而言甚是关键。他笔下人物的心理冲突具有特定的社会-文化意义,关乎对俄罗斯历史的总体理解。这就是为什么只对陀思妥耶夫斯基进行心理学阐释会导致一种严重的误解。

考虑到这一讲的目的,我们将只关注《冬天记的夏天印象》中描绘的伦敦印象。陀思妥耶夫斯基在那座城市漫游,他用了好几页生动地描写每天晚上,尤其是周末夜里涌入干草市场(Haymarket)区的数以千计的妓女,以及在这个时候前往那里的烂醉如泥的伦敦无产阶级。他所描绘的画面用一种尽可能负面的方式呈现了充满自由的西方社会。但这里对我们而言最重要的是陀思妥耶夫斯基对伦敦世界博览会的造访——他来到伦敦时，世博会仍在举办。会场的一大名胜是一座名为"水晶宫"的建筑，它完全由铸铁、钢和玻璃建成，没有使用各种老式建材。这座现代建筑的典范之中还陈列了最新科技发明展。

陀思妥耶夫斯基用一个慷慨激昂的段落描述了他在那里看到的让他充满恐惧的事物。[①] 对他来说，水晶宫成了亵渎神明的现代精神之象征，而正是这种精神造成了他在伦敦目击的道德与精神上的混乱与痛苦。这种精神以《启示录》中骇人怪兽的形式现身。对陀思妥耶夫斯基而言，它代表了对巴力（Baal）[②]的神化和崇拜，而巴力在他看来就是由欧洲所体现，而俄罗斯人将不得不抵制的肉欲和唯物之伪神。而在作品的最后[③]，身居法国的他论述了哲人们建立各种社会主义乌托邦的计划，因为他们想纠正他在英国

---

① 一八六三年初刊于《时代》月刊。英译本见 *Winter Notes on Summer Impressions*，大卫·帕特森（David Patterson）译（伊利诺伊州埃文斯顿：西北大学出版社，1988），第五章。

② 古代近东一些民族对神的称呼。《旧约》中称其为腓尼基人的主神，并详细讲述了犹太人在耶和华和巴力之间反复摇摆的过程。因此崇拜巴力就成了离弃耶和华上帝的举动，后世基督徒亦将巴力视作魔鬼和异教神祇的同义词。——译注

③ 原文如此，似应为第六章最后。——译注

所目击的那种现实，但他拒绝这样的想法，因为这种计划将建立在同样的唯物原则之上。

虽然陀思妥耶夫斯基完全愿意承认，生活在纯理性基础之上、享受工作和社会团结的保障是一件非常诱人的事，但人是一种奇怪的造物（怪人，*chudak*），他不希望靠这种算计来生活。在他看来这形同监狱（就如同各种社会主义乌托邦都被等同于监狱），而他真正想要的是保持完全自由。而且他宁愿被活活打死或饿死，也不愿意为了生活在这样一个理性有序的世界里而交出自己的自由——他在这个世界里永远无法自在地做想做的事，因为他的利益已经被人事先规划。

一年后，车尔尼雪夫斯基出版了一部名为《怎么办?》的长篇小说。他当时在坐牢，却想方设法让这部作品通过了狱卒和审查。这本书有着非凡的命运，它成了俄罗斯激进派的一部圣经，影响力一直持续到我们这个时代。在苏联时期，它曾是课堂指定读物。不过重要的是，陀思妥耶夫斯基笔下那象征巴力的水晶宫，在车尔尼雪夫斯基书里却象征着完全相反的事物。在书中女主人公关于未来的梦境中，水晶宫成了她为全人类设想的光辉灿烂的社会主义世界的象征。所以说，激进派把陀思妥耶夫斯基眼里象征着唯物主义和精神死亡的东西变成了自己的理想。而在

《地下室手记》中，先前（在《冬天记的夏天印象》中）反抗社会主义乌托邦的"怪人"再次进行了反抗，并且是以一种远为复杂的方式。这下我们明白了《地下室手记》第一部的一些背景，现在我们可以转向这部作品，并试图通过这一背景来理解它。

第二讲

我们现在来讲这部标志着陀思妥耶夫斯基发现自己的 ⁸⁴ 成熟风格，也是他文学生涯转折点的作品。我们对它的起源背景了解多少呢？

他最初打算给他和他哥哥办的文学杂志《时世》写一篇论述最近出版的两部长篇小说的文章。其一是小说家阿列克谢·皮谢姆斯基的作品，另一部则是车尔尼雪夫斯基的《怎么办？》。这篇文章是如何发展成一部小说的，我们在陀思妥耶夫斯基的书信里看不到任何端倪，但我们可以试着去理解一下它是如何发生的。陀思妥耶夫斯基写报刊文章的一个突出特征是，他从不以任何抽象的、非个人化的方式争论或阐释理念。他文章的语调总是个人化的，与读者建立一种亲密关系，就像一个人在与另一个人交谈。陀思妥耶夫斯基总是戏剧化呈现他的观念，有时会引入一个假想的论敌，回答自己要说的话。有时，这后一个声音表达的其实才是陀思妥耶夫斯基自己的观点，而我们设想中他支持的观点则会被驳斥。因此，不难想象他以这种方式开始一篇文章，边写边发明各种声音，然后彻底放弃文章的形式，把这部小说变成我们面前的这种戏剧性独白。

无论如何，这只是关于作品如何写就的一种理论。但我们可能要更仔细地观察一下。首先要注意的是标题的注释。为什么会收录这条注释，它究竟是什么意思？大多数注家没有去深入思考这个问题，在一些译本中它被完全删去了。但它其实相当关键，实际上是想指出应如何阅读这部中篇小说。它告诉我们的是，主人公是虚构的，而更重要的是，其特质是我们社会形成的结果。陀思妥耶夫斯基说，诸如地下人这样的人之所以存在于俄罗斯社会，不仅是因为读者可以在那里找到类似易怒而让人不快的典型，还因为他们想必不可避免地存在于俄罗斯社会，而这是这个社会的生成方式使然。因此，地下人的心理特征不仅是个体的私人心理特征，也发源于各种更宏大的社会原因——发源于俄罗斯社会的整体发展。所以说，若纯粹从心理学角度来解释地下人，就忽略了陀思妥耶夫斯基所宣称的他作为一种社会-心理学典型的重要性。

俄罗斯社会造就了地下人这样的人，那这种社会的形成环境是什么？对陀思妥耶夫斯基而言，他那个时代的俄罗斯社会总体上产生于各种欧洲思想对俄罗斯的影响，更具体地说，产生于六十年代激进知识阶层表达这些思想的方式。小说始于一篇论述车尔尼雪夫斯基长篇小说的文章，而陀思妥耶夫斯基在作品第一部中聚焦的正是这些思想的影响。而在发生于二十年前的第二部中，陀思妥耶夫斯基回顾了他自己的既往，而他所处理的那些理念恰恰属于那个年代。但在这两个部分中，地下人的行为和举止，他的所有激情和情感，都必须被视为受到当时在俄罗斯知识阶层盛行的那些欧洲思想的影响和制约。

这一点是如何做到的？我们来看一下，《地下室手记》的第一部可以分成两部分。第一部分是从第一到第六章。我们在此获得的地下人形象是一团由彼此矛盾的冲动组成的混沌，无法以任何一以贯之的方式行事，甚至他行事的方式也被他自己认为是无意义且不理性的。我们一次又一次地发现他陷入了自己无法解决的内在冲突，一会儿正着说，一会儿又反着说。他界定自己无法成为任何一种人，"无论是凶狠的人还是善良的人"（第一部第一章），而且根本没有性格。正如他所说，"十九世纪的人大多数应该是，而且就道德意义而言也必须是无个性的人"。他还将自己与"有个性的人、活动家"作对比，但称后者为"才智有限的

86

人"。这个活动家也是"十九世纪的人",但他不明白这意味着什么。这是在为随后的论述做准备。

为什么地下人如此软弱,如此"无个性",无法与他明知错误的各种诱惑作斗争?他对行恶的堕落很有自我意识,但仍放纵于此。而且他越是意识到"美与崇高",也就是与恶行截然相对的东西,他"便越深地陷入我的泥潭"(第一部第二章)。他的自我意识很强这一事实使他更加沉沦于行恶,最终他开始享受自己堕落的感觉。他似乎对羞辱自己有种受虐狂式的快感,一方面,他敏锐地意识到他知道自己所做的事情卑鄙透顶;另一方面,他也意识到自己不愿或不能以任何其他方式行事。他的自我意识并没有让他具备些许自我控制的能力。

事实上,这导致了相反的结果——而这正是陀思妥耶夫斯基想要说明的问题。因为地下人解释道,除了比如说活动家的那种普通意识,他还有一种更发达的"强烈"意识。"主要的一点就是,发生这一切都是由于过分强烈的意识之正常的和基本的规律,由于直接源自这些规律的一种惯性,因此,这里不仅没什么可变的,而且简直就毫无办法。"(第一部第二章)换句话说,地下人相信科学决定论,并确信他的意志(如果有意志这回事的话)是完全无能为

87

力的。陀思妥耶夫斯基在此通过地下人之口转述了他认为车尔尼雪夫斯基否认自由意志的真实性所带来的后果。因为如果没有自由意志这回事，如果人类的每一种行为都是自然规律前定的结果，那么认真对待这一理念的人就会完全落入与地下人一样的两难困境。

所以说，地下人已经内化了车尔尼雪夫斯基的一种主要学说。当他谈到他那把自己和活动家区分开来的强烈意识时，他指的是自己已完全意识到接受这种学说到底意味着什么。活动家（即寻常的俄国激进派）可能会接受这样一种理念，但他并不真正理解自己下定决心要做的是什么事。而另一方面，地下人的推理表明，如果你当真相信这种理念会导致什么结果，并畅想了如果你试图靠这种思想为生又会导致什么。

比如，由于你知道没有自由意志这回事，而凡事之所以发生都是顺应自然规律，因此在这个世界上没有人应对任何事负道德责任，而你怎么能生活在这么一个世界里？陀思妥耶夫斯基试图想象一个这样的世界，他举的例子是有人被扇了一巴掌。这个人怒火中烧，感到被羞辱，因为他作为一个人的尊严被侵犯了。但他的理性告诉他，有这样的感受是可笑的，因为不管是谁扇别人巴掌都不须为此负责。扇人者只是作为自然规律的工具如此行事。或者假设在被扇了一巴掌之后,宽宏大量的你想原谅那个侮辱你的人。但这同样是荒谬的:你又不能原谅自然规律,原谅这一观念本身意味着你和你的对手都承担道德责任。(第一部第二章)既然你作为车尔尼雪夫斯基的追随者,知道这是荒谬的,那么你身上剩下的就只有惰性,对任何事情都无能为力,而地下人说,这就是他的敏锐智识和自我意识的结果。他只是一直被困在这种无法解决的冲突中,冲突的一方是自己作为人的感受,而另一方则是自己的理性(由车尔尼雪夫斯基的理念所代表)告诉自己的真理。

问题在于,即使地下人确信这一切从理性角度来看都确实如此,但他发现很难与之共存。他仍是一个有良知和情感的人。尽管他知道,他若做了混账事,他也不该被斥责为混账(他怎么能被斥责呢),但这并不能带来慰藉,因为他依然觉得自己是混账。尽管他知道扇自己巴掌的人没有责任,"即使是自然规律,也终究是令人感到屈辱的"。陀思妥耶夫斯基在此做的,是将包括感受、情绪和价值观在内一个人能有的全部反应,与轻而易举把它们全都排除的理性信仰并列对照。

地下人的两难困境之所以会出现,是因为他既接受了车尔尼雪夫斯基的理念(我的阐释最早强调了作品的这一方面),又发现与此同时这对人而言无法忍受。他拒绝放弃自己的道德良知(例如,他知道自己什么时候表现得像个混账),同时他也知道自己无力以一种在道德上有意义的方式行事,因为没有人会对自己的行为负责。因此,他所能做的就是对自己的错误行为耿耿于怀,然后得出结论:既然没有其他人可以负责,那就只有他一个人应对一切事负责。他享受为一切事自责,享受做一个受虐狂,因为这是他能继续感受自己是个有道德责任感的人的唯一方法。他所有看似疯狂的非理性主义和受虐癖,最终都是一种自我惩罚,有着同一个来源。他惩罚自己不能接受自己理性推理的结论,尽管他坚信这些结论是真实的。但他享受这种惩罚,恰恰因为只有这样他才能向自己证明,他仍然是个人。这种行为与陀思妥耶夫斯基狱友们的反应非常相似,他们醉酒狂欢是为了给自己那种自由的感觉,尽管他们很清楚自己并不自由。

　　我们在这里要提出一个观点,可以借之理解地下人与活动家的关系。后者是谁?活动家是指与地下人接受相同理念的人——受过教育的知识阶层之一员、俄罗斯激进派——但他在智力上太有限,无法意识到这些理念的真正含义。他缺乏地下人的那种强烈意识。这就是为什么地下人在谈及活动家时,显得既嫉妒又鄙视。地下人确实嫉妒他,因为他能够活动;但他之所以能活动,仅仅是因为他不知道接受科学决定论意味着什么。

　　此外,活动家没有意识到,一旦他接受了这种思想,所有活动的基础都会消失,因为没有人可以对任何事负责。比如说,活动家想以公义之名让世界变得更好。但公义是一个道德理念,意味着道德责任。在一个完全由决定论支配的世界里,这样的观念怎么可能存在? 某个人的活动怎么能被认为公义或不公义呢? 因此,地下人在嫉妒活动家活动能力的同时,也鄙视他并不知晓自己理念的真正含义。而对于这种鄙视,活动家则报之以他自己对地下人的惰性,以及对地下人无能为力做任何事的鄙视。但这里有一个额外的转折需要被加以考虑。地下人实际上是活动家的一个镜像,或者说分身;他展现的是,如果活动家有足够的智识来理解他自己意识形态的经验后果,那这会导致什么。通过向活动家展示其信念(部分也是地下人自己的信念)在实践中会导致的种种道德-心理后果,地下人对这些信念进行了一番戏拟。

　　到第五章为止,小说以戏剧化的形式表明,生活在一个自由意志(以及道德责任)观念已被消除的世界总的来说毫无可能。随后在第七章到第九章,我们看到的是这一两难困境在社会-政治领域的应用。地下人抨击了车尔尼雪夫斯基的另一个理念——人只会根据对己有利的原则行事，因此，应该构建一个以水晶宫为标志的社会，人的所有欲望在其中都会得到满足。在车尔尼雪夫斯基小说描述的那个社会里，人类不必为满足自己的欲望而奋斗，因为它们都会被预先计算好并得到满足。自然法则将被理性调整，以至于没有必要再去渴望任何事物，因为一切都会被人类即刻获得。

而事实上，历史告诉我们，人类过去从未按照能被认为对自己有利的方式行事，他们只是在让世界血流成河。请注意第七章中的一句评语："这便是北美——一个永恒的联邦。"这是在嘲讽当时正在进行的美国内战。但在未来的世界，人将成为某种"类似钢琴琴键或管风琴琴销的东西"（第一部第七章），他将按照理性和科学所确立的自然规律行事。但麻烦的是，理性和科学没能考虑对人来说什么事最有利。陀思妥耶夫斯基在此动用了功利主义的术语来反驳：这个最有益的事只是行使某人自由意志的能力，不管它可能有什么荒谬和奇妙的后果。因为"理性……只是理性，它只能满足人的理性能力，而意志却是整个生活的表现"（第一部第八章）。水晶宫的世界消除了自由意志和道德责任，于是地下人拒绝了它，认为它对人类而言无法容忍，就像他先前对个人侮辱的看法一样。

地下人的论点很简单，人永远不会接受一个以这种方式构建，消灭他自由意志的世界。如果一个人被迫在一个没有自由意志的理性世界和一个自由意志仍然存在的混乱世界之间做选择，他会选择混乱。这似乎表明陀思妥耶夫斯基站在混乱这边，而且他也经常被这样阐释，但这其实是一种夸张。我们应该记住，这样设置问题的不是陀思妥耶夫斯基本人，而是被他夸张模仿的激进派意识形态，而且他的夸张并不是真的刻意歪曲，而是基于激进派自己的逻辑前提。正是激进派将理性等同于科学决定论和对自由意志的否定，于是陀思妥耶夫斯基用捍卫非理性主义（人类人格的整体）乃至混乱来反驳。然而提出这种混乱只是作为一种可能性，作为一个想象的世界、对激进派理念的一种逻辑投射。一种常见的错误是认定陀思妥耶夫斯基赞美混乱云云针对的是寻常经验的世界。但随后他又补了一句恰恰相反的话。在谈及人宁可发疯也不愿意被做成钢琴琴键或管风琴琴销时，他补充道："这样一来，他怎么能不做坏事，怎么能不夸口说这样的事情还不曾有过，怎么能不说现在鬼才知道意志究竟是怎么来的……"（第一部第八章）在人类的日常世界中，欲望仍是自由的。

作品的下一部分从第十章开始，在此回到了我们在前五章中看到的对地下人内心情感两难困境的描绘。因为既然他接受了所有他在情感上反抗的理念，他内心就会被这种（车尔尼雪夫斯基式的）心智与道德-情感意识之间的冲突撕裂。这是他这种掺杂着鄙视与绝望的激昂情绪的内在起源。地下人并没有把他对理性的反抗标榜为一种纯粹的善；相反，他说他并不反对一切被认定为理性、合理的事物，他只是反对这种理性构想没有给自由意志留下空间。只有通过用这种特殊的方式拒绝理性，他才能主张自己的人性。他想要的是一个没必要进行这种反抗，且用他的话说，能让他没有吐舌头欲望的世界。

当然，这就意味着某种未来乌托邦的积极理想，它承认自由意志和道德责任的存在，而不是消除它们。而这就是基督提供的理想，陀思妥耶夫斯基原本想在文本里更清楚地表明这一点。他在给哥哥的信中抱怨说，他插入的一些对基督的影射都被审查员删去了，所以小说的含义遭到严重歪曲。

这有助于解释本章中的各种矛盾。例如，地下人在第一段中谈到了水晶宫，并说他之所以怕水晶宫，是因为他会被禁止朝它吐舌头。可以推测这就是那个容不下自由意志的水晶宫。把它当成一个有益处的鸡窝倒也无妨，但不应把它当作人类最终理想的象征。但随后他又暗示了另一个水晶宫，他称其为"一种幻想的海市蜃楼，按照自然规律它

93

是不应存在的,就算我把它臆想出来,仅仅是由于我自己的愚蠢,由于我们这一代人的某些陈旧的和非理性的习惯"(第一部第十章)。但我们知道,先前的水晶宫是自然规律的体现,这也是为什么其中不需要自由意志这样的东西。我们如何解释这种不一致呢?

在我看来,陀思妥耶夫斯基在这一章中谈的是两座不同的水晶宫,一座是车尔尼雪夫斯基的空想社会主义水晶宫,另一座则是基督教的水晶宫。在基督教水晶宫里人们可以随意吐舌头,但不会真这样做,从而通过把自我奉献给一个更高的理想来展示自己的自由。所以第一部的高潮是指出另一种理想,但随后地下人又陷入绝望,因为虽然他能把它构想出来,但他并不信仰它。他无法信仰它,因为作为六十年代知识阶层的一员,他不相信任何自由意志的存在。

地下人在小说第二部开始回忆往昔,其情节发生于二十年前。这会把读者带回四十年代——陀思妥耶夫斯基自己刚开始作家生涯的年代——的道德-文化氛围中。这就带来了作品整体结构和两部分之间关系的问题。也许考虑这一点的最佳方式是把它看作一幅双联画,分别展示了俄罗斯知识阶层精神史的两个面相和阶段。作品的时间向后退,而两部分之间没有明显的联系,因为陀思妥耶夫斯基并不想把地下人作为一个心理人物来刻画。地下人是一个具

94

112

有象征性的讽刺假面,他的心理活动只是阐释了自己的意识形态信念或态度;它本身的重要性可以忽略不计。

第二部正文前的篇首题词选自一位俄罗斯重要诗人涅克拉索夫的诗作,他是陀思妥耶夫斯基的私人朋友,尽管这位诗人更同情激进派。此处引用的这首诗写于四十年代,非常著名,是那个时期感伤-人道主义意识形态的典型作品,陀思妥耶夫斯基早期的小说《穷人》也源出于此。诗的这个片段描述了一名女子的忏悔,她可能曾是妓女,而诗中的叙事者将她从这种生活中解救出来:

> 当我用信念的炽热话语
> 将一个堕落的灵魂拯救
> 使它步出了迷误的黑暗……

身为知识阶层的一员,叙事者显然将自己视为高尚的恩人;而小说第二部的全部意义,尤其是结尾妓女丽莎的那个片段,就是为了反转这种道德评价。最终,比起年轻时的地下人,丽莎能够拥有的爱被认为在道德上真诚得多,也自愿得多。

作品的第一部是地下人自我沉思的独白,而第二部更

传统,因为其中涉及他与别人的互动。这些场景中有许多是对车尔尼雪夫斯基长篇小说《怎么办?》中情节的戏拟,

虽然这部小说写于一八六二年,但它反映的是四十年代的感伤-人道主义氛围,尽管它们被赋予了一种不同的意识形态阐释。我们就举一个例子,车尔尼雪夫斯基小说中的一个片段描绘了主人公之一,一位年轻医生,邂逅了一名妓女,他开导了她,然后与她幸福地生活在一起,直到她死于肺结核。这一动机是对涅克拉索夫诗作的重复,而妓女丽莎的片段也强调了一位知识阶层成员的行善之举,但它用一种与前两者都相当不同的方式呈现了这个主题。

在另一个片段中,发生在车尔尼雪夫斯基小说中的情节也被以一个完全不同的视角来审视。车尔尼雪夫斯基的主人公在街上被一位社会地位较高的威严贵族撞了一下,后者没有道歉。这位受过教育的平民并没有一声不吭地接受这种对自己尊严的侮辱,而是转过身来,抓住冒犯者,把他的脸按在泥巴里。这种傲慢的自我主张(self-assertion)在关于地下人如何回应在街上被撞的整个滑稽插曲中得到了戏拟。小说中的许多其他情节也戏拟了巴尔扎克、普希金等人笔下的场景。这么做在总体上的意图是唤起读者对四十年代社会-文化氛围的记忆。

我们在此看到的是青年地下人,一位完全自我陶醉的

人物。他被困于自己的利己主义——他因感觉自己在智识上比别人优越而自鸣得意——以至于失去了以某种朴素、通人情、常识性的方式与真实世界进行接触的一切可能性。地下人的行为在第一部受到他接受彻底的决定论这一点的制约，在这个意义上，第一部描绘的世界是一种想象的投射，但在第二部，类似学说尚未被他接受，读者因此处于寻常社会现实和社会喜剧的世界中。这里的地下人热爱幻想，或者说他生活在一个由其利己主义滋养的幻想世界里。他沉迷其中的那类幻想都是从时兴欧洲作家的书里搬来的。

第二部情节的动机是地下人在努力与他人建立某种正常的人际关系。但事实证明这是不可能的，因为他的利己主义从中作梗，而他总是希望能支配别人。并不是说他接触的那些人，或者他生活的那个世界被当作什么理想，它就和他认为的一样愚蠢、平庸。但这样一来，他想要它认可自己优越性的迫切需要就显得更为可笑、怪诞了。某种程度上，他在这方面的处境与《分身》中的戈利亚德金旗鼓相当，后者也想被这个世界接受，尽管知道它腐败透顶。

由于需要支配每一个与自己接触的人，地下人总是会引起对抗，他在一次次类似尝试和由阅读滋养的白日梦之间更迭。在第二部第一章中，他说："在家的时候，首先，我做得最多的事是阅读。"但每当他从这种白日梦中走入现实,就会引发对抗,并被卷入一次意志的较量。有时,这被依照滑稽喜剧的风格来描绘,比如关于他所谓老朋友——他真诚地憎恨他们每一个人——的那个长片段。或者,他把自己视为人类的辉煌恩主的片段就是反讽性的喜剧;但这种看似对人类的涌泉之爱,只是他自负地渴望扮演领衔角色的另一种表现。这里作者想表明的是,四十年代知识阶层的全部社会-人道主义理想,都只是满足、奉承他们自己自尊心的手段,缺乏对他人的任何真正同情与理解。

为了彻底暴露这种自我抬高的卑劣,故事以关于丽莎的片段收尾,并把用作篇首题词的涅克拉索夫诗作翻转过来。陀思妥耶夫斯基称这个片段相较于先前的内容,就像是从饶舌絮叨到突发灾祸的一次切换。所以,当情节涉及一个痛苦灵魂所受的羞辱乃至毁灭时,喜剧很快就变成了悲剧。它始于文学(地下人的利己主义得到了阅读的滋养),终于生活(这种利己主义造成的人性层面上的悲剧后果)。这个片段的情节是,地下人最终遇到了丽莎,后者认真对待他,被他虚假的同情和关心吸引(这只是一种更巧妙、更蛊惑的控制丽莎感情的方式)。他成功击溃了她的防线,他这样做不是因为他对其困境有任何真正的同情心,而只是为了玩弄她的情感。但他被自己的成功冲昏了头脑,于是以一种浮夸的姿态请她自己登门求助。

他回家后的懊悔,他与仆人的关系(又一次让人想起《分身》),丽莎没有立即现身时他沉浸于白日梦中——所有这些细节都非常滑稽而讽刺。但随后丽莎来了,而他意识到对方被自己在妓院里的话骗得有多深。那时他把自己说成一个过得潇洒奢侈的人,可她如今看到的却是相当脏乱的环境。他受到了羞辱,而他唯一的防御方法就是转而冒犯、羞辱她。但与其他人不同的是,她意识到隐藏在他侮辱之后的全部痛苦,所以她拒绝反击。相反,出于对他的同情,她投入他的怀抱来安慰他,随后他们做爱了。

这就是他曾在白日梦中所想象的一切崇高理想主义在人间的现实,但他在现实生活中无法遵从这种理想。因为除了意志的较量,他不能想象任何人与人的关系,所以他认为,她借助自己本能性的爱他人的姿态羞辱了他。丽莎的行为方式是他只有靠假装才能体现出来的。因此,为了占得上风,他必须迫使她重新扮演妓女的角色。这就是故事的结局,尽管她转身离开,没有拿他留给她作为服务酬劳的钱,从而拒绝了这个角色。

因此,陀思妥耶夫斯基的故事意在对西化知识阶层的虚假理想主义、为人的空洞虚伪进行毁灭性的揭露。当地下人在结尾处确认自己比所有鄙视他的人更优越时,我们读到的是对他在第一部中关于自己与活动家关系的说法之重复。此前，他的强烈意识向他表明，人类不可能生活在一个失去道德责任的世界里。现在我们看到，这同一种强烈意识揭示了青年地下人从阅读中吸收的西方思想和价值观所鼓励的虚荣和利己主义："我不过是在我的生活中达到了极端，而你们却连我的一半也不敢达到……你们还将自己的胆怯当作明智。"（第二部第十章）陀思妥耶夫斯基在此揭示了自己使用的技法。他与某些理念和文化态度作斗争的方法是，将自己想象中严格贯彻它们所导致的实际后果以戏剧化的方式呈现出来。

《地下室手记》问世时并未取得成功。它几乎没有受到任何关注。原因之一是它发表在很快就宣告破产、不再发行的陀思妥耶夫斯基自办杂志《时世》上。但另一个原因是，它过于纷杂，以至于难以阐释，而读者往往抓不住陀思妥耶夫斯基意识形态讽刺的要旨。有些评论家假定地下人是陀思妥耶夫斯基本人观点的代言人，这完全是胡说八道。在他的下一部作品，更容易理解的长篇小说《罪与罚》中，问题变得清晰了许多。但我们在那里也会看到一名知识阶层成员和一名妓女之间的类似关系。而把陀思妥耶夫斯基希望倡导的价值观传达出来的依旧是妓女，而非受过教育的主人公。

99

第五章 《罪与罚》

第一讲

《罪与罚》是能体现伟大作家陀思妥耶夫斯基成熟才 ₁₀₀
华的第一部作品。这也是他写出的第一部被认为真正拥有
其成熟阶段典型特征的作品。《地下室手记》开启了这一
进程，但它多少只是一次消遣，且陀思妥耶夫斯基再没创作
过任何与之很相似的作品，也再没以内心独白的形式写过
意识形态上如此复杂的作品。他后来的一些短篇小说内容
简单得多，尽管也采用了同样的形式，但这些短篇是他才华
的次要分支，虽然各自有独特的精彩之处，但都不在他艺术
发展的主线上。

这条主线贯穿的是他那几部主要长篇小说，而《罪与

罚》是其开篇。最重要的一点是，小说的中心有一系列我们已在《地下室手记》中看到的主题：即一个人物成了激进知识阶层一种意识形态的化身，将其面临的两难困境予以戏剧化呈现。然而，如今这种戏剧化呈现被置于一个更宽泛、复杂的长篇小说结构之中。这种意识形态在人世的实际处境中被应用、测试，随后它的自我毁灭特征便暴露无遗，在这种意义上，《罪与罚》延续了《地下室手记》的情节。但如今暴露的那种斗争不再是纯粹的内心斗争；它被投射到俄罗斯生活和社会的一个更宽泛形象的框架之中。

101

从《地下室手记》到《罪与罚》，写作手法上的发展乍看之下会让人出乎意料，但如果我们了解一下他早先的一些次要作品，就不会感到那么惊奇了。从陀思妥耶夫斯基重新开始发表作品到其《死屋手记》付梓期间，他最初的作品是两部描绘更为宽泛的社会环境的中篇小说（《斯捷潘奇科沃的人们》和《舅舅的梦》）。虽然这两部作品对我们的讨论而言并不特别重要，但它们都包含了比过去作品远为复杂的戏剧性情节，并且情节的发展都是通过遮蔽和惊喜。这两部作品在手法上与《罪与罚》相当接近。

陀思妥耶夫斯基在一八六二年与《死屋手记》同时创作的另一部长篇小说《被侮辱与被损害的》也是如此。他自己承认这绝非一部成功之作，尽管小说的标题常被人用来形容他的笔下人物,尤其是四十年代作品中的人物。在《被侮辱与被损害的》中,陀思妥耶夫斯基被认为是在模仿十九世纪三四十年代的法国社会小说,这类作品被称为长篇连载小说,因为它会在报纸上每日刊载。

这种长篇小说由奥诺雷·德·巴尔扎克和查尔斯·狄更斯发展并提升到艺术的高度,他们两人都很受陀思妥耶夫斯基欣赏,而他的创作也顺应了同一传统。[①] 这类小说起初只是作为消遣、娱乐的通俗文学,但它们对长篇小说形式的发展产生了巨大影响,其特点是使用神秘或冒险情节,以及极其错综复杂,带有许多意想不到的转折与惊喜的情节。作者还会使用城市背景,要么是大城市,要么是小城镇。城市环境不仅是背景,也是小说情节的主题结构的一个部分,以各种方式影响人物的感受和行为。主人公本身往往是边缘人物,即生活在社会的边缘,或从事一些将他们置于社会规范之外的活动。他们常被卷入某种情节行动中,这种行动绝非寻常、普遍之举,会把他们激发到极致紧张或兴奋的程度。他们的行为可以被认为是歇斯底里,具有情节剧特征(melodramatic),甚至可谓癫狂古怪,还可能

---

① 陀思妥耶夫斯基甚至曾把巴尔扎克的长篇小说《欧也妮·葛朗台》翻译成俄语。

为那些指控陀思妥耶夫斯基笔下人物无一例外都很病态的说法提供口实。但提出这类指控者纯粹就不愿考虑陀思妥耶夫斯基在主题方面的目标，也没有意识到他是在一种不同于当时其他俄罗斯小说家的小说传统中写作。

俄罗斯评论家列昂尼德·格罗斯曼早就指出，陀思妥耶夫斯基的写作应被置于欧洲冒险小说的传统中来审视。[①] 这类作品最初从十八世纪末的英国哥特小说发展而来，而陀思妥耶夫斯基确实说过，他在小时候很欣赏这批作家的佼佼者之一安·拉德克利夫[②]。哥特小说随后于十九世纪初在巴尔扎克和狄更斯等作家笔下变得现代化、城市化。

这基本上就是陀思妥耶夫斯基后期长篇小说的世界，其中包含了他早期作品的某些特征，例如用于各种象征性目的的彼得堡场景，以及因社会处境而生活在灾祸边缘的人物。但冒险故事的情节过去未曾出现过，仅有的例外是《穷人》中的那些被戏拟的情节，且与他的后期长篇小说相比，陀思妥耶夫斯基把人物带到崩溃临界点的情况仍可谓

---

① 列昂尼德·格罗斯曼，《陀思妥耶夫斯基：生平与创作》（*Dostoevsky: His Life and Work*）（纽约：鲍勃斯-梅里尔出版社，1975）。译按：中译本见格罗斯曼，《陀思妥耶夫斯基传》，王健夫译（北京：外国文学出版社，1987）。

② 安·拉德克利夫（1764-1823），英国作家，哥特小说先锋人物。

微不足道。即使杰武什金和戈利亚德金心中有反叛的想法，也终究没有发生杀人事件。但在后来的长篇小说中，谋杀案确实此起彼伏，而人物在道德-社会层面的两难困境也就有了更重大的意义。早先人物遇到的难题是因他们反抗自己社会等级制的规则而产生的，而现在他们反抗的不是某个特定社会下达的指令，而是由他们继承的基督教道德良知所确立的指令。

格罗斯曼还写过一篇重要文章《巴尔扎克与陀思妥耶夫斯基》，其中就《罪与罚》作了非常有益的讨论；进入本书的一个好方法就是从格罗斯曼的一些观点上手，特别是他关于《高老头》和《罪与罚》之间关系的论述。① 陀思妥耶夫斯基经常提及巴尔扎克的这本书，那是他最喜欢的长篇小说之一（在《地下室手记》中进行了戏拟），而其中有个场景就和拉斯柯尔尼科夫直接相关。法国小说的主人公拉斯蒂涅发现，他可以借助一系列情况继承一笔自己急需的财富。他只消同意让别人来实施一场谋杀。他询问一位朋友，如果后者知道自己可以仅靠一闪念就杀死一个老朽的"中国满大人"，然后继承一笔财富，那么他是否会同意这样做。

---

① 列昂尼德·格罗斯曼，《巴尔扎克与陀思妥耶夫斯基》（密歇根州安娜堡：阿尔迪斯出版社，1973）。

这段对话中提到了亚历山大大帝和拿破仑，因为这位朋友回答说他并非像他们那样的"伟人"，不会承担这样重大的责任。这场交流提出了对《罪与罚》而言至关重要的同一类终极问题。一个"伟人"同意杀人，这可以被允许吗？

巴尔扎克的小说与《罪与罚》还有其他明显的联系。拉斯柯尔尼科夫母亲寄给他的那封信在结构上有相似之处，这封信揭示了他家庭的贫困和他妹妹的绝望困境。这封信的目的是为他的罪行提供一个额外的利他动机。巴尔扎克的小说里发生了一模一样的事情，一封关于拉斯蒂涅妹妹的信（他有两个妹妹）也为他的行为提供了一个利他动机（他没有杀人，但他利用他人来提升自己）。他的个人权力意志——可被称为拿破仑动机，而它也出现在《罪与罚》中——因此获得了一个使其更为复杂的道德维度，因为他的愿望不再纯粹停留在个人和自我中心的层次之上。这是《罪与罚》与司汤达、巴尔扎克的长篇小说——这些小说也将拿破仑的形象与个人权力意志主题联系起来——在主题上的主要区别。利他动机在陀思妥耶夫斯基那里得到的强调远甚于巴尔扎克，并被赋予了一种普遍的道德-宗教意义。在巴尔扎克笔下，它仍只有个人特征。拉斯蒂涅想帮助自己的两个妹妹，而拉斯柯尔尼科夫虽想帮助他的家人，但只把他们的困境看作是自己帮助人类的宏图大志的一部分。

与巴尔扎克的这种关系只是贯穿小说的线索之一。陀思妥耶夫斯基的阅读非常广泛,可以将他与其他许多欧洲作家联系起来,但最重要的影响还是来自他自己的俄罗斯传统。读者可以了解到,陀思妥耶夫斯基自己把拉斯柯尔尼科夫的观念表现得相当老生常谈,毫无超出寻常人之处。例如,有一个非常重要的小酒馆场景,拉斯柯尔尼科夫在其中无意听到一段对话,巧的是,其话题就是他自己脑海中的念头——为人类的利益杀死放高利贷的老太婆。(第一部第六章)大学生和年轻军官是在打完台球后,边喝茶边谈论他的这一观念。陀思妥耶夫斯基把这场谈话设置在一个如此寻常的环境中,就是想表明这在当时是非常流行的观念。这不是拉斯柯尔尼科夫因为有什么病态人格而自行编造出来的。叙事者用如下评语强调了这一点:"当然,这都是一些最普通、最常见、血气方刚的年轻人的谈话和想法,他已经听到过不止一次,只不过形式不同、话题不同罢了。"(第一部第六章)换句话说,这都是那些受过教育的俄罗斯青年一直在谈论和思考的观念。

事实上,可以验证的是,陀思妥耶夫斯基在其长篇小说中描绘的六十年代初俄罗斯激进主义意识形态是英国功利主义、法国空想社会主义和机械唯物论学说的一种古怪组合。陀思妥耶夫斯基在《地下室手记》里就已抨击了它。但与此同时，还有一股激进思想的潮流与前者有些许细微差别。这些差别不涉及政治活动本身，因为当时在俄罗斯反正也不存在什么真正的政治活动，但它是由各种小组借助文学和社会-文化讨论来表达的。其中一个小组由车尔尼雪夫斯基的追随者组成。第二个小组的理念本质上与前者没有区别，但其成员更年轻，性情也更激进，且准备将这些理念推向比车尔尼雪夫斯基本人更极端的地步。

这个年轻团体的主要倡导者和意识形态专家是德米特里·皮萨列夫，一个受过良好教育、性情火暴、文章至今读来仍很有趣的年轻贵族。他因写作一系列非难普希金的文章而在俄罗斯文化界驰名，他在这些文章中将功利主义推向极致，宣称鉴于国家面临一大堆社会问题，搞艺术就是浪费时间。由于当务之急是贫困问题，人人都应致力于扶贫，而非把时间浪费在艺术上。他还在自己的一篇文章里呼吁年轻一代应摧毁一切（或努力去摧毁一切），他的理论是，只有那些经得起类似破坏的事物才值得留存。

一八六二年，随着伊·谢·屠格涅夫的长篇小说《父与子》出版，俄罗斯知识阶层的这两个派别发生了正面冲突。屠格涅夫的主人公巴扎罗夫常被认为是对六十年代初激进知识阶层的颂扬,但车尔尼雪夫斯基的追随者不这么认为,他们非常严厉地抨击这本书,认为它实际上是对知识阶层的诽谤,根本没有反映他们的真实形象。他们反对巴扎罗夫的优越感、他对别人的傲慢、他对除自己以外所有人的蔑视。的确,他鄙视上层阶级,相信科学和功利主义价值观,想要帮助民众。他自己也是个平民,不是地主阶级的一员,拒绝按照上层阶级的规矩行事。但他从不表现出对民众的情感依附,是个极致的个人主义者。他更像是个平淡、寻常的利己主义者,而非"理性利己主义者",后者会通过推理说服他:帮助他人才最符合他自己的利益。

书中有一个场景让老一辈激进主义者尤感震惊。巴扎罗夫在村里散步,经过了一位富裕农民的小屋。他和自己的朋友,年轻的自由派地主阿尔卡季在一起,后者满怀希望地说,所有农民迟早都能过上这种小康日子。但巴扎罗夫尖刻地评论道,那时他的坟头早就长满草了。换言之,哪怕面对阿尔卡季憧憬的未来乌托邦梦想世界,他也无法忘怀自己的个人命运和必然的死亡。

然而,皮萨列夫写了一篇著名的文章,称赞屠格涅夫真实描绘了新的激进派,巴扎罗夫身上所有那些被其他激进派拒斥或干脆忽略的特征他照单全收,还认为它们准确且值得赞扬。他的个人主义、他的傲慢、他的虚无主义(巴扎罗夫称自己为虚无主义者）——所有这一切都受到称赞，并被认为是应从旧激进派中脱胎而出的新激进派的典型特征。为展现巴扎罗夫有多么伟岸、英勇，比起社会生活的寻常惯例他显得有多么优越，皮萨列夫表示，如果他想杀人，他就会去杀人。如果他不这么做，那不是因为他对这种罪行有丝毫反对，而无非就是因为这么做不对他胃口。如果在某个特定的时候他觉得自己方便去偷盗、抢劫，那他完全就有能力去偷盗、抢劫。

皮萨列夫关于屠格涅夫笔下人物巴扎罗夫的文章只是这两个激进派别之间论战的开端。所有的俄罗斯文化史研究者都认为，在催生《罪与罚》的那几年里发生的这场争论中，可被称作真虚无主义者的那一派获得了胜利。而他们的胜利得到了某些外部因素的协助。其一是一八六三年波兰反抗俄罗斯统治的起义。起义得到了多数俄罗斯激进知识阶层的支持，但在人口整体中，它激发了止暴制乱的爱国热情（陀思妥耶夫斯基也心怀这种爱国主义）。更重要的是，它改变了俄罗斯民众的形象，因为激进派之前认为俄罗斯民众是潜在的进步和革命力量。这种反波兰爱国主义的汹涌让年轻的激进派产生了非常大的幻灭感，他们对民众的看法也因此发生了急剧变化。

108　　　这种变化已在皮萨列夫的文章中得到预示，并加强了它的效果。因为巴扎罗夫不仅被颂扬为一个凌驾于法律之上的优越个体；他还被拿来与不思考、没觉悟，只会卑躬屈膝、接受自身命运的广大寻常人等形成对比。皮萨列夫写道，这些庸众不会在科学上有所发现，也不会犯罪。这种伟大智识成就和犯罪之间的关系，恰恰就是我们会在拉斯柯尔尼科夫的文章中发现的内容。皮萨列夫写道，另一个群体是在代这些群众思考和受苦，探索和发现，战斗和迷茫——这些人永远与群众格格不入，他们甚至鄙视群众，但与此同时又从不停止为其工作，以改善其生活福利。这正是四年后拉斯柯尔尼科夫所体现的那些特征的混合物：这个人物既怀着蔑视居高临下地看待不思考的广大群众，同时又因为希望成为他们的恩人而毁灭自己。

对于《罪与罚》的缘起与皮萨列夫的文章，或与皮萨列夫在其中发挥至关重要作用的这一整场俄罗斯文化运动之间的关系，论者鲜有关注，乃至根本未曾关注。批评家到处寻找拉斯柯尔尼科夫理念的来源，并提出了极为多样化的潜在影响，从巴尔扎克的长篇小说到黑格尔的"伟人"理论，再到普希金《黑桃皇后》中的格尔曼。[1] 巴尔扎克和

---

[1]　约瑟夫·弗兰克在其讲稿的页边补充道："列昂尼德·格罗斯曼认为自己在巴尔扎克的长篇小说中找到了它们——小说中的犯罪大师（转下页）

普希金的笔下人物很可能都进入了陀思妥耶夫斯基的构思，并促进了拉斯柯尔尼科夫的形成，但这些人物都缺乏利他的一面，且他们肯定不是拉斯柯尔尼科夫性格中这种内在冲突的来源——既有自信能超越所有道德-社会界限的自我中心主义，又对其他人类同胞怀有情真意切的深爱，或至少能在受到驱使时对同胞们做出恰如其分的回应。

无论拉斯柯尔尼科夫的思想来源是什么，陀思妥耶夫斯基试图展现的是，当某些先进西方理念被激进知识阶层的意识形态同化，这将如何导致拉斯柯尔尼科夫以戏剧化形式呈现的那种两难困境。例如，皮萨列夫支持俄罗斯不惜一切代价地资本化、工业化，因为他认为这将推动全民启蒙。这都是自车尔尼雪夫斯基以降英国功利主义对俄罗斯人的部分影响。而这也解释了为什么陀思妥耶夫斯基能相当准确地在施虐狂小暴君卢任的思想和拉斯柯尔尼科夫本

（接上页）伏脱冷阐明了权力意志学说。菲利普·拉夫指出了黑格尔《历史哲学》（*Philosophy of History*）中的'伟人'理论——诸如拿破仑这样能完成一项伟大历史任务的人，不应以普通道德标准来评判。其他各种来源也被提及，例如普希金《黑桃皇后》中的格尔曼这一人物。他也认为自己是个小版拿破仑，并犯下罪行，但他的动机是渴望获得一笔财富。所有这些人身上都缺少利他动机。"

人的思想之间找出相似性。（第二部第五章）两者都以功利主义推理为基础。对卢任而言，你顾及自己的个人利益就意味着你也会帮助他人。对拉斯柯尔尼科夫而言，你有权杀死一个人以帮助一大批人。如果你从卢任的理念出发，并一丝不苟地严格贯彻到底，你就会以拉斯柯尔尼科夫的理念告终；在这两种情况下，你关心的都不是老式道德观念。不同之处在于，虽然卢任假装对他人的福利感兴趣，但他显然是个彻头彻尾的伪君子兼小施虐狂。可怜的拉斯柯尔尼科夫则是真心实意想帮助别人，而这就是他最终崩溃的原因。

还有另一些需要提出的特征，比如社会达尔文主义在俄罗斯愈发增长的影响，以及人们对这种理论的普遍接受。无论当时还是后来，不仅在俄罗斯，而且在整个西方，社会达尔文主义的作用都是为压迫提供一个科学理由。在进化过程中，最成功者展现出他们自己最适应、最强大，因此他们有权统治那些同样存活下来的弱者。作为种族主义的一大源头，这种观点在十九世纪被普遍认为是科学的最终裁决。小说文本中使用社会达尔文主义的一个例子是，拉斯柯尔尼科夫观察一位好色贵族在街头追逐一名似已被侵犯过的醉酒年轻女子的段落。拉斯柯尔尼科夫为她感到遗憾，开始出手干预，但经过如下一番推理后改变了主意："据

110

说,每年都要有百分之几的人……走这条路……去见魔鬼,似乎是为了给别人提精神而不妨碍别人。"(第一部第四章)既然有一定比例的这种人为了社会的福祉不得不沉沦卖淫,那么干涉这一自然规律就没有意义,于是读者看到拉斯柯尔尼科夫的感受突然发生了逆转。

　　值得指出的是,陀思妥耶夫斯基的杂志在一篇论述达尔文《物种起源》法译本的文章中,指出将基于观察自然和动物现象的达尔文主义用作一种社会理论在道德上是不讲人性的,而这是俄罗斯最早提出类似观点的论者之一。而且同样也是陀思妥耶夫斯基的杂志与其他人进行了一场持续的论战。他的一篇文章以两个激进派别的分裂为中心议题,题为"虚无主义者的分裂"(*Raskol* among the Nihilists;*Raskol* 在俄语中意为"分裂"),而拉斯柯尔尼科夫(Raskolnikov)的名字很可能就源出于此。此外,几年前陀思妥耶夫斯基曾就《父与子》给屠格涅夫写了一封信,告诉后者自己有多欣赏这本书;屠格涅夫在一封我们确能读到的信中回答说,陀思妥耶夫斯基是真正理解这本书的两人之一。因此,我们看到了陀思妥耶夫斯基是多么沉浸于这部小说及其主人公巴扎罗夫。所以可以说拉斯柯尔尼科夫就是陀思妥耶夫斯基版的巴扎罗夫,是皮萨列夫眼里屠格涅夫的巴扎罗夫所代表的精神。

111

第二讲

上一讲我们谈到了意识形态背景这一观念,这对于正确理解《罪与罚》非常重要。这并不意味着这部作品在任何严格意义上就是关于这些问题的。陀思妥耶夫斯基并不是在写一部社会-政治小说,让其中人物争论或简单地阐明六十年代的各种理念,尽管在一些对话中,他确实戏拟了这些理念——借助列别贾特尼科夫这样的人物,以及拉祖米欣的一些发言。但陀思妥耶夫斯基之所以能成为一位这么伟大的作家,恰恰是因为他没有停留在自身时代那些寻常争辩的层面上,而是将它们作为自己灵感的来源。他从这些观点出发,但随后又从道德-心理角度思考这些观点的终极结果。正是在这个想象的层面上,他能够将它们戏剧化呈现——但他的出发点始终是当时的社会-文化争论,以及论战中真实存在的内容。

有时候我研究他著作所采取的方法会受到批评,比如有一种批评认为,由于我尽可能把重点聚焦于社会-文化背景之上,我把他的长篇小说降格为仅仅是对他自己时代那些有限问题的反映。如果读者一直得去探寻那些早已被遗忘的理念以及意识形态争论,那么诸如《罪与罚》这样的小说还有什么普遍的重要性和意义呢？

　　这种观点是有道理的。过于专注语境，无论历史上的社会-文化背景也好（比如在我们这里），还是其他来源也罢（比如性别和种族问题），往往会让我们忽视、遗忘一点：如果我们是在研究一位伟大作家，那我们之所以这么做，恰恰是因为他／她能把这个背景提升到一个更高或更普遍的水平。一件伟大的艺术作品总是能超越它的创作条件，它的意义会远超出其所处时代对这一点的认识。

　　在这个意义上，我会同意类似批评，但要说我自己的作品犯了这种批评谬误，这一点我不能接受。或者说，由于意识到了这一点，我至少会尽力避免陷入这种错误。与此同时，我也会努力避免犯另一个错误，就陀思妥耶夫斯基而言，这种错误更为普遍。那就是完全用最一般的心理学和哲学范畴阐释他，而不去试图探究这些范畴在他自己的时代究竟意味着什么。例如，可以轻巧地说，《罪与罚》的真正主题是西方文化中爱与正义的永恒冲突，这么说一点没错，而且可以用类似的一般道德观念来分析这部作品。但这不能当作出发点，因为实际上我们不知道的是，在小说创作的时代和国家背景下，以及就体现了这些理念的人物而言，这种辞藻究竟意味着什么。除非背景得到澄清，否则我们在理解它们对陀思妥耶夫斯基的意义时，很容易犯下离谱错误。所以说,如果我们想沿着陀思妥耶夫斯基作为作者设想我们能遵循的那条道路去攀高,那我们就得完全从头开始。

在六十年代中期的俄罗斯,激进主义意识形态带有强烈的颂扬个体的特征。作为年轻激进派的理想人物,巴扎罗夫成了一种超越善恶的尼采式超人①,尽管这种比较不应从字面上理解。因为皮萨列夫眼里的巴扎罗夫——这一形象实际上比他在小说本身中被呈现的方式更重要——把对人类的爱恨与成为人类恩人、救主的愿望结合在一起。陀思妥耶夫斯基想要展现的是,这两种态度在现实生活中是不可能结合的,而他在《地下室手记》里已经这么做过一回。

他在那里把地下人描绘成一个心灵被撕裂的人,因为他信奉的那套理性观念与他作为一个人的情感直接冲突。陀思妥耶夫斯基在这里做了一样的事,只不过如今支配主人公的理念导致了一场杀人实验,而作为一个道德人格,他的良心无法支撑这次实验。全书的一个目的就是描绘这种内在冲突造成的道德-心理混乱。另一个目的则是表明,真

---

①　超人(*Ubermensch* / Superman / Overman)是弗里德里希·尼采在《查拉图斯特拉如是说》(*Thus Spoke Zarathustra*, 1883–1885)中创造的一个术语,用来描述愿意为人类改进而打破任何社会法则的人。

正的利他主义或对人类的爱只能植根于基督教的自我牺牲精神，而非理性功利主义的社会正义思想，因为它允许以更大社会利益的名义去杀人。

陀思妥耶夫斯基一度被认为在艺术上不太突出，而与这种观点并存的是这么一种看法，即他确实属于那一类受到启示的天才，他对自己作品的控制力并不比对自己生活的控制强。极大地鼓励了对他的这种看法的是弗洛伊德的那篇影响甚广的文章①，文章倾向于将其人格与其笔下人物的所有恶行联系起来。陀思妥耶夫斯基的笔记本二十世纪二十年代才开始在俄罗斯出版，自此之后，研究者就很清楚，他是一个高度自觉的作家，会对自己作品的结构和组织进行长时间刻苦思考。他一直在抱怨自己总是不得不顶着截稿时间的压力为期刊写作（因为他需要钱），而不能像屠格涅夫和托尔斯泰那样打磨自己的作品。

事实上，他远非缺乏技巧，如今研究者认识到，他在运用叙事技法方面领先于自己的时代。他实际上预言了现代长篇小说的一些重要发展，比如叙事者和人物的融合（这被称为自由间接话语）、他对笔下人物的主观呈现，以及他对

①　西格蒙德·弗洛伊德的文章《陀思妥耶夫斯基与弑父》于一九二八年刊登于一本论述《卡拉马佐夫兄弟》的德国学术论文集。

时间顺序的独特操纵法。所有这三项创新都被用于《罪与罚》的结构之中。

关于陀思妥耶夫斯基作为长篇小说家的技艺问题，已经发表过不少评论文章。比如杰出的批评家莫丘利斯基就称本书为"一部带序幕和尾声的五幕悲剧"。① 虽然大可以把本书解读成包含这样的结构，但这种观点并不充分，且错过了某些我认为很重要的层面。在我看来，一种更重要的结构是由情节的构建方式提供的，而构建情节的目的是将拉斯柯尔尼科夫揭示给他自己，让他得以解决包含在他自己性格中的谜团。这本书真正描绘的是主人公拉斯柯尔尼科夫逐渐认识到自己行为的真相，认识到比起他最初以为自己行为会有的意义，他所作所为的真正意义究竟何在。这就是为什么随着小说的展开，拉斯柯尔尼科夫为自己的罪行提供了如此多的解释，而批评家们却在谈论其动机的不确定性和现代人人格的费解本质。不管我们对现代人的人格有什么看法，陀思妥耶夫斯基关注的是拉斯柯尔尼科夫的人格，并且他很清楚自己在做什么。

书中提出的杀人动机有三个。其一发生在小酒馆场景

115

---

① 康斯坦丁·莫丘利斯基，《陀思妥耶夫斯基：生平与创作》（*Dostoevsky: His Life and Work*），迈克尔·M. 米尼汉（Michael M. Minihan）译（新泽西州普林斯顿：普林斯顿大学出版社，1971）。

中,可称作功利主义-人道主义动机。其二是在拉斯柯尔尼科夫与侦查员波尔菲里·彼得罗维奇的谈话中展现的拿破仑动机。第二种动机通常被认为与第一种动机截然相反,但其实它重复了与第一种动机相同的理念,只不过是在一个更具历史高度的层面上。其三出自他对索尼娅的坦白,他宣称自己之所以想杀人,只是为了去探索一下,自己是否只是个"颤抖的生灵"或虱子,还是说他有权去逾越道德法则,且他特地排除了任何功利性动机,无论是对他个人而言,还是对人类的某个未来受益者而言。

在一个动机到另一个动机的转换过程中,他的真正动机被逐渐揭示出来,或者更确切地说,是认识到他最初的人道主义目标其实是自欺欺人,尽管他的情感很真挚;或者更确切地说,只有当第三个动机接管并完全支配他人格的情况下,被选择用来完成这个目标的手段才能付诸实施。激进派功利人道主义的根源原来是彻底的利己主义,这也是《地下室手记》中通过戏拟恩人式的白日梦而意欲嘲讽的重点。

本书第一部是以一种非常巧妙的方式构建的,这一点往往会被忽视。它的另一个重要之处在于,它证明了陀思妥耶夫斯基在使用倒叙等技法以及操纵时间顺序方面的精湛技艺。总的来说,第一部由两个序列组成。一个始于造访高利贷老太婆家,然后在时间上一路向前推进到犯罪完成。外在地看,这个序列由对老太婆的试探性造访,与马尔梅拉多夫的相遇和对话,以及随后在林荫道上与醉酒女孩的相遇组成。散布在这些片段中的是一系列倒叙,把时间向后推,唤起了对过去的回忆。这其中其实包括了他母亲的来信,然后是他对虐打驽马的童年回忆,然后是在小酒馆里听到军官和大学生谈论他自己一直在思考的人道主义犯罪理论。

这是对拉斯柯尔尼科夫动机的初次陈述,其中既有功利主义的"理性"成分,也有可被称作基督教式的情感向-利他主义成分(因为帮助受苦人类这一目的来自西方文化的犹太-基督教组成成分)。如果杀人带来的好处超过了它可能造成的痛苦和折磨,那么杀人就是理性的、正当的。问题在于,若想杀人,人就必须克服人格中的一切关键情感和道德力量,这些力量首先会驱使杀人者去帮助人类。这里有个内部矛盾,将会在对拉斯柯尔尼科夫命运的叙述中显现出来。

一些批评家指出,这第一个动机与第二个动机,也就是拿破仑动机之间存在不一致,但他们可能只是忽略了陀思妥耶夫斯基自己对从一个动机转换到另一个动机的预期。在军官和大学生的对话中,军官反对说没人会杀高利贷老太婆,哪怕她不配活着,因为"生存是人的本性"。而大学生回答说,本性需要被矫正和引导,"不这样就不会有一个伟人"。显然,哪怕是功利–利他的犯罪,从一开始就需要"一个伟人"来执行。就在犯罪发生前,这一理论的两面性已完全呈现在读者面前,尽管其中涉及时间顺序的完全倒错。实际的事件顺序与书中给出的不同,小酒馆里的谈话发生在导致犯罪的那些事件之开端。细心的读者会注意到,从时间上来看,这段偷听到的谈话先于叙事者在全书开篇向我们介绍拉斯柯尔尼科夫;拉斯柯尔尼科夫在小说一开始就已在思考这个问题。但在书中,小酒馆谈话和犯罪时刻之间只相隔几页。

为什么陀思妥耶夫斯基要这样安排事件的顺序?答案看来是他想让读者回忆起小酒馆里的谈话,以及随后几页里对拉斯柯尔尼科夫推理过程的总结。拉斯柯尔尼科夫自己的道德诡辩曾使他相信,他与普通罪犯不同,他不会有烦恼情绪,也不会受犯罪干扰。但读者观察到的情况恰恰相反。动手杀人的不是一个冷静的拉斯柯尔尼科夫,而是某个处于歇斯底里躁狂状态的人,其行为举止仿佛处于一种被催眠的恍惚之中。如此一来,陀思妥耶夫斯基削弱了犯罪的理论,并迫使读者提出这样一个问题:既然拉斯柯尔尼科夫给自己提供的理由都是错误的,那么实施这一罪行

117

的真正原因究竟是什么?

答案隐含在前面提到的两个交织序列中。因为它们首先展示的是好拉斯柯尔尼科夫,他无法忍受家人的苦难,憎恨他自身边随处可见的残酷和不公。正是这个好拉斯柯尔尼科夫出于怜悯把钱留在马尔梅拉多夫家,并自发去帮助那个被欺凌的女孩。这是那个非理性的、不思考的、本能的拉斯柯尔尼科夫,他热爱人类,希望减轻他们的苦难,并认为他将通过实施这次犯罪来实现这种善。

但他人格中这种天生的利他内核每一次都会被功利的算计或其他某些所谓"科学"推理所歪曲。而当他开始被卷入这样一种思考模式,最终的结果就是把他推向了人性的对立面。在他离开马尔梅拉多夫家时我们发现了这一点——他犬儒地认为他们用不着他给的那几个硬币,因为反正他们能靠索尼娅过活。(第一部第二章)同样的事情也发生在街头女孩身上——她只是一个百分数,因此不再是个体的人。当拉斯柯尔尼科夫开始用这些理念进行推理,他就变成了一个冷酷的怪物,不再对人类有任何同情,当真憎恨、鄙视人类。但在小说的这个阶段,拉斯柯尔尼科夫还没有意识到,在他以为自己在做的事情和这些理性观念对他性格造成的影响之间已经出现了分裂。显然,陀思妥耶夫斯基想让读者意识到这种分裂;或者说,至少在小说

118

整个第一部中,他一直在用情节展现这一点。而这样一来,他也已为接下来的大部分情节做好准备,包括那篇著名的文章和他对索尼娅的最终坦白。

理念对人格的作用方式不仅在拉斯柯尔尼科夫身上展现,也在第一部的其他几个场景中展现。在小说开头的小酒馆场景中,马尔梅拉多夫告诉拉斯柯尔尼科夫一个羞辱性事件:他如何求别人借钱,尽管他事先知道会被拒绝。他甚至还反问,既然他无法还债,那怎么还会有人愿意借钱给他?难道是出于怜悯和同情?但他也知道,"同情心在当代甚至是科学所不容的"(第一部第二章)——这里说的是政治经济学,一门完全基于功利推理,而非基于任何形式怜悯的科学。

陀思妥耶夫斯基借助一个非常重要的细节来反驳这两个状况,在小说之后的楼梯场景中,拉斯柯尔尼科夫遇到了前来质询马尔梅拉多夫车祸案的警官。他发现拉斯柯尔尼科夫"沾了血迹"(第二部第七章),他指的是搬运马尔梅拉多夫躯体时留下的血迹。而拉斯柯尔尼科夫以一种奇特的方式回应说,自己浑身都是血——然后笑了。衣服上因杀人而留下的血迹让他充满了恐惧,但行善举留下的血迹又让他满怀兴奋和新希望。这只是一个例子,表明陀思妥耶夫斯基是个多么细心的作家,让每一个细节都有自己的重要意义。

在小说的这一关头,拉斯柯尔尼科夫已把他原来的理论分解为两个独立的部分,利他主义和利己主义之间不再有任何有机联系。利他主义流入马尔梅拉多夫家,牵扯到他与索尼娅的关系;利己主义如今则单独存在,支持他对抗怀疑他的侦查员波尔菲里·彼得罗维奇。这就是为什么在这种分离变得清晰后不久,读者会了解到拉斯柯尔尼科夫从前写的那篇题为《论犯罪》的文章。尽管他的利己主义在之前的情节中就已经显露出来,但现在读者了解到它作为一种世界观的全部影响和力量,而这在此前几乎都没被暗示过。重要的是要记住,拉斯柯尔尼科夫的文章甚至是在小酒馆谈话和他初次拜访高利贷老太婆之前写下的。因此,哪怕只是从纯粹的时间角度来看,它也是犯罪的初始来源。而如今在陀思妥耶夫斯基想要预示最终坦白的关头(第三部第六章),它被祭出并拓展(这篇文章只是把拉斯柯尔尼科夫如今详细阐释的那个理念提了出来)。

与卢任的相遇破坏了拉斯柯尔尼科夫的第一个功利-利他犯罪动机。第二个动机,也就是拿破仑动机,仍然有利他成分,尽管这在很大程度上被伟人视角遮蔽了。但在拉斯柯尔尼科夫被人当街找上并被唤作"杀人凶手"(第三部第六章)后,这种结合在其内心独白的伟大篇章中被摧毁

120

了。这时他才意识到，既当伟人又当人类的恩人是不可能的。伟人不是这样铸成的：他们会为了达到自己的目的而无情地杀人，他们根本不会在乎自己毁灭了多少生命。所以说拉斯柯尔尼科夫自己的理论背叛了他，让他完成了一桩他并没有精神力量去支持的行径；他不是真正的伟人，因为他不能像他们那样完全摒弃自己的道德良知。然后陀思妥耶夫斯基让他在萦回的梦里试图杀那个可恶的高利贷老太婆，但他怎么都杀不死她。

只有当拉斯柯尔尼科夫的原始理论以这种方式分裂后，索尼娅和斯维德里盖洛夫才出现在前景，将故事向前推进。两人都在之前被提及过，但直到他们都成为拉斯柯尔尼科夫的准分身，他们才变得如此重要。两人分别向他呈现了他最初学说的一个极端后果。其利他成分被深化为索尼娅包容万象的基督教之爱，并被贯彻到自我牺牲的最大极限。索尼娅源自十九世纪三十年代法国社会小说中的那一长串妓女（可以轻易地在雨果的《悲惨世界》——百老汇最经久不衰的演出之一——中找到她的一个原型）。陀思妥耶夫斯基使用这样一个妓女作为基督教最高价值观的代言人（他从《地下室手记》中延伸了这一主题），这恰恰成了纳博科夫嘲讽的靶子。这也导致了连载小说的那本杂志编辑反对，而陀思妥耶夫斯基不得不重写拉斯柯尔尼科夫和

索尼娅一起阅读《约翰福音》中关于拉撒路复活的章节。（第四部第四章）

尽管索尼娅可以说是一个老套人物，但陀思妥耶夫斯基成功将她提升到一个在力量和纯洁方面无可匹敌的层次。原因在于他能够以如此不妥协的力量呈现自我牺牲的理念。陀思妥耶夫斯基愿意让这一理念变得全然非理性，回归初始的基督教意义，除缓解人类苦难之举带来的直接效果之外，不考虑任何事物。就仿佛时间本身并不存在，或是被完全忽略。重要的是要在每一个瞬间对人的痛苦做出全面回应。这就是过渡伦理，许多神学家认为这是原始基督教的灵魂所在。陀思妥耶夫斯基在第四部第四章的一个小片段中表达了这一点——这是索尼娅唯一一次承认自己对某件事感到羞愧。但让她感到羞愧的不是卖淫，因为那是她为别人做出的自我牺牲。让她羞愧的是她拒绝把可怜、垂死的卡捷琳娜·伊万诺夫娜渴望的一些装饰袖口交给她。"您有什么用呢？"她问她。从任何理智角度来看，索尼娅当然都是对的。但诚如帕斯卡所言，心灵有仅凭理智无法理解的理由。[1] 这就是索尼娅用来不断反对拉斯柯

---

[1] 布莱兹·帕斯卡(1623-1662)，法国物理学家、哲学家、数学家。这句话出自他的《思想录》(*Pensées*)。

尔尼科夫那些论据的理由，这些论据从未在严格意义上受到过反驳，但可以说它们一直在自己反驳自己。因为杀人的恐怖就在它们背后隐现，而我们看到它们所透过的镜头，则是拉斯柯尔尼科夫受尽折磨的精神。索尼娅没有任何能回应拉斯柯尔尼科夫的论据，但她自我牺牲的信仰给了她一种精神力量，而他却陷入了煎熬和道德骚动。

拉斯柯尔尼科夫和索尼娅间的这些场景以其力量而闻名，但他们交流中的一些微妙之处也不应被忽视。其中之一是拉斯柯尔尼科夫试图说服索尼娅，他们两个人半斤八两，因为都违反了道德法则。拉斯柯尔尼科夫试图借此将自己与索尼娅相提并论，似乎想借此减轻自己的罪恶感和失败感。但这么做只是让他（或陀思妥耶夫斯基）更有效地突出了两人之间的巨大差异。他对索尼娅说："你是在自杀，你害了一个生命……自己的生命（这反正都一样）。"（第四部第四章）这最后一句话真是不可思议，因为它抹去了基督教自我牺牲和其他人为人类利益而做出的牺牲之间的一切区别。后者是基于理性的功利伦理，而前者是基于对人类苦难的自发、无私回应。

当拉斯柯尔尼科夫向索尼娅坦白时，他已经意识到，自己对权力的迷醉与爱不相容。如前所述，像拿破仑这样的伟人并不担心被他们毁灭的人，因为他们的目标之伟大（或他们以为的伟大)压倒了所有其他顾虑。但拉斯柯尔尼科夫的情况并非如此,因为如今他意识到,他此前只是在借犯罪考验自己。他在试图证明自己是个"伟人",并评估自己能否克服道德,而这种道德正在阻碍他通向其理性的一切结论。他曾不得不冲击由基督教价值观塑造的自己良心的束缚,而如今他意识到自己已然失败。

这个坦白场景常被认为未给拉斯柯尔尼科夫的行为提供一个明确的理由,但在我看来,这是一种误读。他经历了所有的合理化进程,它们曾为他自己掩盖了其行为的利己主义根源,但后来他突破这道屏障,走向了最终的承认。只有当他表明他是在有意增进自己的难处,加剧他对自己和人类的仇恨,并最终将这种仇恨转化为极致蔑视之举时,我们才看到那些长久以来一直在他身上起作用的力量。而当他最终宣布强权即公理时("谁胆大敢干,谁就真理在握"),陀思妥耶夫斯基作为叙事者介入,以指出这种解释与其他各种解释的区别:"索尼娅明白了,这个可怕的念头已经成了他的信仰和法则。"而我们知道,索尼娅的意识始终是作者的意识。

同样,尽管拉斯柯尔尼科夫现在意识到了那些推动他杀人的念头的真实本质,但他无法在理性层面说服自己是错的。他知道自己无法承认犯罪的情感负担,但与此同时也没有任何理性论据能说服他，他为伟人正名的说辞是错的。他的失败是他自己个体的失败，而非他理论的失败。他照旧认为，伟人之所以伟大，就是因为他完全不在意他人。陀思妥耶夫斯基用两种方式解决了将拉斯柯尔尼科夫转向另一种观点这一难题———一种是个体方式，另一种是更普遍的方式。

　　斯维德里盖洛夫被用来向拉斯柯尔尼科夫揭示伟人理论———承认没有比满足人的一切欲望（包括性和感官欲望）更高的力量———在个人私生活中的全部含义。斯维德里盖洛夫可以被认为是一个被赋予更强大的力量，拒绝在伪善面纱下掩饰自己欲望的卢任。他与拉斯柯尔尼科夫在智识上棋逢对手，而他与杜妮娅的支线情节则呼应了拉斯柯尔尼科夫与索尼娅的主线情节。但当拉斯柯尔尼科夫走向新生，他却走向了死亡。侦查员波尔菲里·彼得罗维奇也在智识上与拉斯柯尔尼科夫势均力敌，可惜我没法用更多时间来讲解他。读者或许可以把波尔菲里想象成是成熟期的陀思妥耶夫斯基，在对自己的一个再次被虚幻的颠覆理念所掌控的、年轻的新化身讲话。这将有助于解释为何拉斯柯尔尼科夫在他们第三次交谈时会在他脸上观察到一种忧郁。

124　　让我们回到斯维德里盖洛夫，我们在他身上认识到一个不同寻常的角色，他再次将一个陈腐的形象———猎捕女性的上流社会淫棍——拔高为一个强有力的、被死亡萦绕的象征，代表着一种没有（或几乎没有）任何精神实质的生活。从他第一次登场，我们就看到斯维德里盖洛夫只能以各种令人憎恶的堕落形式来构想生命，哪怕是死后的生命。而他自杀前的最后一个重要事件是梦见自己救下的那个小女孩——纯真的象征——变成了妓女。正是因为斯维德里盖洛夫无法跳出其自我放纵所带来的恐怖回环，他才走上了自杀的道路。陀思妥耶夫斯基还利用他来解决文本中的一些实际问题，而这可能会引起一些疑问。但他做到了使之令人信服，这要归功于其被压抑的对善的渴望，以及一种逃避自己及其角色的反讽性愿望，也正是这种愿望使他的行为显得逼真。

最终解答发生在尾声之中，这引来了评论家的大量反对意见。但在我看来，最后那个梦的作用是决定性的。它并没有提出反驳拉斯柯尔尼科夫"伟人"理论的理性论据，而是给出一个从他潜意识中浮现的幻象论据。这个梦使他的"伟人"理论普遍化，从而感染了每一个人；结果导致一个人人相互为战、人对人是狼的世界，也就是霍布斯所描述的自然状态。这是一个理性摧毁人与人之间所有非理性道德-情感联系的世界。正是这种毁坏造成的混乱最终使他皈依宗教，而宗教则是那些推动他忏悔的情感源泉。

第六章 《白痴》

第一讲

　　《罪与罚》之后陀思妥耶夫斯基最重要的作品是《白 125
痴》。它在某些方面是陀思妥耶夫斯基最神秘、费解的长篇
小说。但对为数众多的读者而言，它也是一部具有特殊吸
引力的作品。陀思妥耶夫斯基在一封信中写道："所有说
《白痴》是我最佳之作的人都有某种特殊的使我惊讶又让
我喜欢的思维方式。"（XXIX-2：139；22：1005）其中一个原
因可能是《白痴》是他所有长篇小说中最具自传性的一部，
在这个意义上，读者可以看出他如何利用自己人生的一些

元素来刻画主人公梅什金公爵。①

但陀思妥耶夫斯基总是在其作品中改写类似个人事件，使之呼应他自己时代的各种难题（如在《罪与罚》或《群魔》中），或是他在自己人生的后西伯利亚时期所关注的宗教信仰这一更宏大的问题，从而赋予这些个人事件更多意义。在现代文学中，《白痴》自然是那些试图塑造一个当代基督式形象的作品中的一名佼佼者。

126　　　陀思妥耶夫斯基从自己人生中选取的一个主要事件是他在一八四九年作为政治密谋者被判刑前的假处决仪式。这一经历标志着他开始从一名主要在社会-政治和道德-心理层面投射世界的作家，转变为一名视野拓展到宗教和形而上领域的作家。正是他在《白痴》中试图体现的这种直面死亡的经历使他成为后来那个类型的作家。作家和主人公都患有同一种疾病：癫痫。值得注意的是，虽然这种疾病可能让梅什金公爵获得充盈满足、世界和谐的瞬间体验，但这种病在人看来也不为人类尘世生活的寻常要求所容。

乍看起来，囿于我们此前的方法来处理这部小说似乎会非常困难。我们的框架基本是将《地下室手记》和《罪与罚》

---

①　这个姓的词根是"老鼠"（*mysh'*）一词，所以说公爵头衔和老鼠姓的组合具有反讽性质（甚至能算矛盾修饰法）。

视为针对激进知识阶层各种理念的艺术论战：《地下室手记》探索了车尔尼雪夫斯基的学说，而在《罪与罚》中，由屠格涅夫塑造，并由皮萨列夫发扬的新激进派形象成了靶子。实际上，陀思妥耶夫斯基探讨了类似理念和类似形象的一切道德和人性后果。正如他在《罪与罚》中所做的那样，他将这些问题追溯到其最终根源——一种由俄罗斯正教传统的宗教遗产所决定的心理特征。然而，同样的分析模式似乎很难用于《白痴》。

陀思妥耶夫斯基确实收入了一系列涉及青年虚无主义者的情节（第二部第八章），他在某种程度上讽刺了年轻的激进派。但他也同样赋予他们一些弥补性的特征，让他们显得可笑、可怜，而全然不是危险或凶恶。书中犯下罪行的是罗戈任，他是商人之子，受怀疑困扰，但依然沉浸在俄罗斯宗教传统之中，激起他杀人的不是由激进理念引起的情绪，他也并非激进意识形态的产物。罗戈任是激情犯罪，而非理念犯罪。因此在这个意义上，陀思妥耶夫斯基在其先前作品中使用的模式失效了。

尽管如此，一旦扩展到要阐释书中发生的各种事件，那先前的普遍框架依然可以应用。这个框架的基础是试图让一些普遍的绝对价值或理想适应人类激情与感受的现实世界，并借此揭示其局限性。在《罪与罚》中，拉斯柯尔尼科夫的人道主义犯罪理论失败了，因为实施犯罪需要摆脱利己主义，而此时这种利己主义正成为目的本身。

《白痴》中也使用了同样的策略。但此书的非凡之处在于，陀思妥耶夫斯基在其中检验的理想和绝对价值恰好就是他自己的。因为，如果说陀思妥耶夫斯基在书中创造了一个体现（他所认为的）基督之最高理想的人物，那么他也表明了这些理想与此世的生活并不相容。这些理想不会带来任何改变，不会以任何方式改善人的生活。相反，正如评论者早就指出的那样，梅什金公爵及其"圣人诅咒"（是诅咒而非祝福）使每个人的处境都更为复杂，并最终导致他本人精神崩溃，回归瑞士。就像拉斯柯尔尼科夫一样，他的理想目标被挫败了。于是剩下的就是现实和理想间的冲突这一基本模式。

这种相似性通常被忽视，或被归结为陀思妥耶夫斯基艺术上的水平薄弱或失败。也有人认为，陀思妥耶夫斯基想写一本刻画基督教取得胜利，从而能够解决此世道德和伦理问题的书。在他为《白痴》所做的笔记中，可以为这种说法找到一些证据。在整部小说里，梅什金公爵一直希望能如此。例如，他相信自己可以帮助解决罗戈任和纳斯塔西娅间的爱恨关系。但这种结果自然从未出现；恰恰相反，是陀思妥耶夫斯基自己的基督教理想违背了他的意志和（评论者假定的）

128

他的艺术意图,最终走向失败。

陀思妥耶夫斯基是否真想写一部小说,让他的当代基督式形象在其中创造奇迹,给此世的人们带来幸福?第一部第六章中玛丽的故事表明了这一点,它试图建立一种可以被期待贯彻下去的模式,其中包含各种可能的解决方案。但很难想象陀思妥耶夫斯基会觉得自己能把整部小说都保持在这种感伤、教化的基调上,也很难想象梅什金公爵能用同样的方式解决其他人物的难题。也许应该注意到,在这则嵌入的寓言故事中,梅什金公爵的所作所为针对的是孩子,而天真无邪的孩子是无法区分两种爱的——梅什金公爵对玛丽的爱,以及他们父母对彼此可能感受到的爱。梅什金对玛丽的爱源于怜悯和同情;他们父母间的爱则是性与激情之爱。陀思妥耶夫斯基很清楚这一关键主题点;他在一则笔记中写到,"小说中有三种爱:

（1）激情与直率之爱——罗戈任。

（2）因虚荣而生之爱——加尼亚。

（3）基督教之爱——公爵。"（IX：220）

陀思妥耶夫斯基笔记中的材料太过繁杂、多元,以至于 129 很难从中得出任何结论。无论如何,它表明的是,这本书的外部历史是陀思妥耶夫斯基所有创作中最为复杂的。在一八六八年一月的信中,有一段话对于阐明他自己的观念非常重要。这段话是在陀思妥耶夫斯基刚寄出《白痴》第一部的前五章之后写的,试图解释他一直在努力做的事情,即写一部关于"一个绝对美好的人"的小说。[①] 这句话经常被引用,但信的其余部分对理解这部小说而言更为重要。

"在世界上仅仅只有一个绝对美好的人物——基督,"他写道,"因此这个无与伦比、无限美好的人物的出现无疑是一个绝顶的奇迹。(全部《约翰福音》说的就是这个意思;他认为全部奇迹只在于美的体现和美的显现。)"然后,陀思妥耶夫斯基转向堂吉诃德、匹克威克和《悲惨世界》里的冉阿让,认为他们代表了创作基督式形象的尝试与努力;但他觉得他们都还不够。[②] 对陀思妥耶夫斯基而言,堂吉诃德既可笑又美好。而堂吉诃德之所以可笑,是因为他试图在此世行动以实现自己的理想。这时陀思妥耶夫斯基似乎意识到,如果赋予梅什金公爵一个不仅止于被动的角色,那么他同样会变得可笑。被拿来和堂吉诃德相提并论的匹克威克也是如此。至于冉阿让,一个越狱后成为人类恩人的罪犯,他唤起了人

① 陀思妥耶夫斯基给外甥女索·亚·伊万诺娃的信,一八六八年一月一(十三)日。(XXVIII：251；21：532)

② 查尔斯·狄更斯的《匹克威克外传》于一八三六至一八三七年连载,一八三七年出版单行本。

们的同情，因为他是社会不公的受害者，并为此承受苦难。

但陀思妥耶夫斯基拒绝了这种文学模式。他说："我的这部长篇小说中没有诸如此类的东西，完全没有。"[①]梅什金公爵在小说开篇后不久就被安排继承了一笔财产，从而被剥夺了这种吸引力。他既不是演员，也不是受害者，而是一种存在，一种道德的启迪，这就是陀思妥耶夫斯基对《约翰福音》中基督的设想。奇迹不在于梅什金做了什么，而在于其作为一种精神力量存在的这一事实。正是这种精神力量对其他人的影响催生了这本书的情节。陀思妥耶夫斯基未必考虑过要让主人公的基督式形象能够对解决冲突发挥积极的领路、指导作用，而是更有可能打算写一个无论与谁接触，都会留下不可磨灭痕迹的人。（第三部第一章）

有些批评家认为陀思妥耶夫斯基在某种意义上被自己的创作打败了，也就是说，无法用切实可行的现实主义手法来描绘自己的基督教理想，他们这是假设了一个根本不属于陀思妥耶夫斯基本人的基督教概念；我指的是，宗教作为某种社会福音的观念虽然在世界范围内十分活跃并取得成功，但它根本不是成熟期陀思妥耶夫斯基的观点；他的宗教观根

131

---

① "我的这部长篇小说中没有诸如此类的东西，完全没有，因此我非常担心我会彻底失败。"(XXVIII：251；21：533)

本不包含这层意思。尽管他在四十年代可能确曾心仪这类基督教社会主义的某些学说，但在写作《白痴》时，这已不再契合他的信仰。此时，他的基督教已成为那个蒙受羞辱、承受苦难的基督，他来此世牺牲自己，是为了实现对它的救赎，而绝非为了成为其主权者。

近现代最伟大的俄罗斯基督教研究者之一格·彼·费多托夫写过一部两卷本经典著作《俄罗斯的宗教心》，他在书中将俄罗斯本土宗教传统的本质定义为一种虚己论（kenotic，亦译作"神性放弃""倒空神学"等），因为它强调基督在降临人间时交出了自己的神性（他毕竟是神人）。[1] 他现身时并不带有光彩夺目的威严，而是作为一个受苦的人，他并不抗恶，而是一个被献祭的牺牲。陀思妥耶夫斯基极为深刻地感受到了俄罗斯宗教传统的这一方面，并最终在宗教大法官的传说（《卡拉马佐夫兄弟》，第五卷第五章）中为其赋予了最伟大的表述。

这种俄式虚己论有助于解释《白痴》的一些特点，比如梅什金公爵与阿格拉娅·叶潘钦娜的关系——她希望他学习如何决斗，因为坚信后者在帕夫洛夫斯克公园事件后会被下

---

[1] 格·彼·费多托夫，《俄罗斯的宗教心》（马萨诸塞州剑桥：哈佛大学出版社，1966）。

战书。阿格拉娅认为梅什金公爵会依照当时的荣誉准则行事,而这种准则不仅与基督教精神毫无关系,实则背道而驰。她在梅什金公爵身上认出了普希金笔下极具英雄气概的"可怜的骑士",一位欧洲中世纪的天主教战士,尽管梅什金实则与任何此类人物南辕北辙。① 根据斯拉夫派的理念(陀思妥耶夫斯基在这一点上赞同他们),宗教和世俗权力的结合是罗马天主教的一大理想。而在小说的结尾,陀思妥耶夫斯基让阿格拉娅嫁给了一个据信有英雄气概的波兰天主教伯爵,他照理说应该很富有,但实则身无分文,而她也最终落入了天主教的控制。

　　这为理解小说的宗教观念提供了一个总体框架。但这里我们得考虑到另一份文献,这是唯一一份能让我们直接窥察陀思妥耶夫斯基真实宗教信仰的文献。对于理解梅什金公爵的性格而言它也极为重要。这份文献是陀思妥耶夫斯基在他亡故发妻的灵柩旁守夜时写的笔记,日期是一八六四年四月十六日,也就是他写作《地下室手记》第二部的时候,但其中的文字确实是他构思梅什金公爵的核心所在。这是唯一一份能告诉我们陀思妥耶夫斯基如何看待基督教信仰

----

　　① 亚·谢·普希金写于一八二九年的诗歌《可怜的骑士》描述了一位骑士在看到圣母马利亚显灵后,将自己的生命献给教会和征讨异教徒的事业。后来,当他临死时,圣母马利亚保护他不被意欲带他下地狱的魔鬼伤害。

某些基本教义的一手非虚构材料。陀思妥耶夫斯基试图为自己定义他的信念，而他写下这篇笔记时的处境让读者能将其视作对他最深层信仰的一次有效表达。（XX：172–175）

有趣的是，这份笔记直到最近才引起特别关注，尽管它在一九二六年就被译成德语出版，并于一九三二年在欧洲以俄语出版。

笔记的开头是："玛莎躺在桌子上。我还能与玛莎相见吗?"也就是说立刻提出了关于不朽的问题。陀思妥耶夫斯基的问题似乎表明他有一些怀疑;这不是在肯定信仰。但它也没有拒绝这种可能性。这个问题最有可能指的是死后存在的形式，而非存在与否的事实本身。《白痴》中有段话也是同样含义，梅什金公爵在其中推测那个等待处决者的感受，而这段话也再现了陀思妥耶夫斯基自己经历假处决后一些印象的细节。

他痛苦地看着教堂尖塔反射的阳光，这既可以被看作是个细节，也可以被赋予象征意义。"他觉得那些光芒是他的新的本体，再过三分钟，他就将以某种方式和它们融为一体了……他对即将来临的新的状态茫然无知，感到嫌恶，这使他惊恐不安。"（第一部第五章）此处的感受是对未知的恐惧，如果陀思妥耶夫斯基确信意识会以一种他无法想象的形式停止存在，那就没理由感受到这种恐惧。事实上，陀思妥耶夫斯基自己也说过,行刑后他"将与基督同在"。

这则笔记也涉及不朽的问题,它始于一些道德反思。他写道:"按照基督的诫命,像爱自己一样爱一个人——这是不可能的。"这一陈述相当特别。但这并不意味着陀思妥耶夫斯基认为基督的诫命是错误的,因为他解释说,它提出了一个全人类都在努力实现的理想,而基督本人在他的尘世生命里也体现了这一理想:"只有基督可以[做到爱人如己],但基督长久以来都是一个理想,人渴求,且根据自然法则,也应该渴求这个理想。"这种对自然法则的奇特诉诸可能会让读者猝不及防地想起车尔尼雪夫斯基。但这里提及的自然法则指的不是最新科学发现,而是基督——陀思妥耶夫斯基称之为"化成肉身的人之理想"——向他揭示的关于人之精神实质的法则。陀思妥耶夫斯基反对的正是被激进知识阶层接手的那些自然法则。

为什么基督的诫命在尘世不可能实现? 因为"尘世的个性法则会束缚。'我'[自我]会阻挠"。陀思妥耶夫斯基如是回答。因此,除了人类性格的一切其他方面,人的个体性本身就是实现基督教的爱之法则的巨大障碍。尽管如此,陀思妥耶夫斯基写道,现在"像白昼一般明了",自基督道成肉身以来,个体的最高、最终发展就是模仿基督,牺牲其个体性。"人能够用自己的个性、自己'我'的完满发展所实现的最高效用，似乎就是消灭自己的'我'，且全心全意、奋不顾身地将其完全交给全体和每一个人。而这就是最大的幸福。"陀思妥耶夫斯基称这种"'我'和'全体'"的融合是"人道主义法则"，是"基督的天堂"。他认为全部的历史，无论是全人类的历史还是每个人的个人史，都是"这一目的之发展、斗争、渴求和达成"。

这里我们看到的是陀思妥耶夫斯基的末世史观与他笔下人物的内在道德-精神危机与两难困境之间的联系。两者都是同一场斗争的一部分，而这场斗争的目标就是实现伟大美国神学家莱因霍尔德·尼布尔在其《人的本性与命运》一书中所说的履行基督律法的"不可能的可能性"。[①] 虽然尼布尔指的并非是陀思妥耶夫斯基，但他的理念有助于澄清陀思妥耶夫斯基的基督教观点。

这种斗争始终是必要的，而陀思妥耶夫斯基认为，它在尘世永不可能完全实现。他的论证是，如果这就是人类的最终目标，那么实现它实际上就会是人类生命和历史的终结。那样一来，也就没必要再生活下去了，因为人的生命已被界定为为达到这一理想而进行的斗争。所以，用陀思妥耶夫斯

---

① 莱因霍尔德·尼布尔，《人的本性与命运（两卷本）》[1941–1943]（肯塔基州路易威尔：威斯敏斯特约翰·诺克斯出版社，1996）。译按：中译本见尼布尔，《人的本性与命运》，谢秉德译（北京：宗教文化出版社，2011）。

基的话来说，"尘世的人只是一种发展的存在，也就是说，不是一种完成了的存在，而是一种过渡的存在"。因此，任何个体实现爱之法则的能力，哪怕发展到最高程度，仍注定不完满。这对于理解陀思妥耶夫斯基描绘的梅什金公爵而言非常重要。哪怕是（陀思妥耶夫斯基眼里）基督教理想在尘世的最高体现，也注定无法实现这一理想。

陀思妥耶夫斯基随后将这一结论用作支持不朽的论据。如果尘世生活必然不完满，那么一定就会有"未来的、天堂的生命"。但关于这种未来的生命，以及它与我们所知的今世生命的关系，他的文本依旧暧昧不清："它是什么样的，它在何方，在哪个行星上，在哪个中心里，是在最终的中心，也就是普世综合，亦即上帝的怀抱中吗？我们不知道。"然而我们唯一知道的是基督所预言的内容——他引用了《马太福音》："也不娶也不嫁，乃像天上的使者一样活着。"（《马可福音》12：25，《马太福音》22：30）所以说，陀思妥耶夫斯基认识到未来天堂生命的一个理想条件是彻底无性。

随着他展开这一观点，他又回到早先提出的利己主义与个体性的问题上。他几乎和激进派用一样的方式攻击婚姻和家庭，但他设想的目标当然完全不同。激进派赞成给女性更多自由，而传统的家庭观束缚了他们。对陀思妥耶夫斯基而言，家庭确实也是个障碍，但原因在于他认为家庭是滋生利己的自我中心倾向的土壤。他写道:"娶妻和出嫁就仿佛是对人道主义最大的偏离,是夫妇与'全体'的彻底隔绝(给全体留下的将会很少)。家庭,亦即自然法则[弗注:日常的、繁殖意义上的自然法则],但终究是不正常的、彻底利己的……状态。家庭是人在尘世的最大圣物,因为靠着这一自然法则,人能达成目的之发展(亦即代际更替)。但与此同时,同样也是根据自然法则,人应该以自己的最终理想[弗注:人的精神实质]之名不断否认它。(双重性。)"

随后,陀思妥耶夫斯基与无神论者进行争论,并推测不朽及其神秘性,他用几句话概括了尘世所有个体的内在冲突:"人在尘世渴求一种对立于其本性的理想。当一个人没有履行渴求理想的法则时,亦即当他没有用爱把自己的'我'牺牲给众人和另一个存在(我和玛莎)时,他会感到痛苦,并且将这种状态称为罪孽。于是乎,人应该会不断地感到痛苦,而这痛苦会被履行法则所带来的天堂般的享受亦即牺牲所平衡。"

137　这些话与《白痴》有着最为紧密的联系。特别需要注意的是,在一位持有这种信念的作者笔下,一个近似基督的人类,乃至基督本人,都不可能解决人的道德-社会冲突。由于基督的律法从根本上与人的个体性之基础相对立,其效果只能是在所有严肃对待它的人内心引起斗争。这正是它对梅什金本人和所有接触他的人产生的影响。通过激起他们的良知,他把他们引向与日常自我的冲突。

这则笔记也有助于读者理解,为什么梅什金公爵本人虽没有在狭义的利己主义和基督教的爱之法则间纠结,但还是在一个更高的层面上陷入了同样的冲突,因为对陀思妥耶夫斯基而言,人的爱本身、性之爱、家庭形成的基础本就是利己的。梅什金对阿格拉娅的爱就是这种爱,它对生命的延续是必需的,但终究是利己的。这种爱与他对纳斯塔西娅·菲利波夫娜的爱发生了冲突,后者就和他对玛丽的爱一样,是基于怜悯和同情。因此,梅什金的冲突可以用现代神学对这两种爱的区分来表述——它们分别被称为厄洛斯(eros,性之爱)和阿加佩(agape,基督教之爱)。

"阿加佩与厄洛斯"是安德斯·尼格伦一部神学巨著的标题,它主要研究的是基督教伦理观念对基本被希腊观念所支配的古典世界的影响。希腊人的爱之观念是由柏拉图定义的。它始于爱美、感官之美,并引发对爱之客体的占有欲。它当然可以停留在这个层面上,但它也会刺激拥有更美好精神的人占有最高之善的欲望,而对柏拉图来说,这种最高之善就是对"理念"(他这个术语所指的对象等同于一神论宗教中所认为的神)的沉思。它引导人走出尘世经验的感官世

138

界，进入对**绝对者**（the Absolute）进行神秘沉思的世界。

关键问题在于，这种爱最终是利己而自私的。它始于占有欲，并继续以这一目标为导向，哪怕它不再是肉体占有，而是变得高雅和精神化。此外，它总是关乎被爱者（无论它是什么）的用处与价值的观念——爱是被爱客体价值的一个机能。照尼格伦的说法，基督教为世界引入了一种截然相反的关于爱的新理念——人类不必向上渴求，以获得最高善的客体。神以耶稣基督之身亲临人间，将曾是最高价值的事物作为免费的馈赠提供给人类。但人类并不当真配得上这份礼物，价值和爱之间的关系因此发生了倒置。厄洛斯之爱渴求最高价值，但阿加佩之爱则由高向低行。基督教的上帝爱罪人（失乐园后人皆有罪），希腊古典价值观于是被彻底颠倒。在原始基督教中，被爱的不是值得的人，而是不值得的人——或者这至少是基督教伦理一个潜在的极端后果。而爱的最高形式体现在基督的自我牺牲之中，他被树为全人类的典范，是一种永恒的渴求。

尼格伦是文化史学家、神学家，而非文学研究者，他信仰路德宗，而非俄罗斯正教，但他的观点有助于我们理解陀思妥耶夫斯基。例如，《罪与罚》中马尔梅拉多夫在小酒馆的发言就非凡地表述了这样一个悖论：上帝偏爱不值得的人，并且会拯救他们，因为他们明白自己堕落得有多深。而

139

梅什金公爵的正常人性,他对或将成为自己妻子的阿格拉娅的厄洛斯之爱,干扰了他对自己怜悯并渴望帮助的纳斯塔西娅·菲利波夫娜的阿加佩之爱。归根结底,这就是陀思妥耶夫斯基所呈现的梅什金公爵无法解决的内在冲突。

陀思妥耶夫斯基并不当真相信一个人能有完美的阿加佩之爱。只有基督能做到这一点。就其本质而言,人永远会保留一些厄洛斯之爱的成分。但出于同样道理,自从基督现身后,阿加佩理想就应该是人类努力的方向。

第二讲

《白痴》是陀思妥耶夫斯基所有作品中最难分析的一部,部分原因是外在的,部分则是内在的。同时,它或许是其伟大作品中最吸引人、最不平衡的一部,也是最私人的一部。陀思妥耶夫斯基自己说,他总是很高兴收到那些欣赏这部小说的读者来信,这说明他们和他意气相投,能理解他,或至少同情他。他之所以有这种感觉,或许是因为他在这部小说中非常直率地倾诉了许多自己的体验。

首先要记住的是,这本书的写作历程与其他所有书都不同。从《罪与罚》开始,其小说都是根据事先确定的大框架写成的,只有一些细节需要随着写作的进展而填补进去。

这一切在他决定写《白痴》时发生了变化。事实上，最终成为梅什金公爵的那个人物起初是以完全不同的形式构想的。陀思妥耶夫斯基声称，在寄出第一期连载后，他决定像轮盘赌那样碰碰运气，看结果如何。大可以说他这一生真正赌赢的只有这么一回！

之所以小说写作过程中会产生不确定性，是因为在被要求寄出第一期连载前一个月，他突然决定写一部关于"一个绝对美好的人"的小说。这个人物存在于陀思妥耶夫斯基的眼前或想象中，但他对人物将参与的叙事情节没有明确概念。

我们的分析始于一个简单的问题：这本书的主题是什么？可以用一种同样简单的方式回答：是基督受难，但存在着一个区别。梅什金公爵是一个类似基督的角色，他在这个世界上现身、被摧毁，又在某种程度上导致他人的毁灭，尽管毁灭的同时也鼓舞了他们。但这种比较实在太过宽泛，提供不了多少帮助。因为梅什金是人，而非超自然存在。他是一个试图将基督的榜样道成肉身，或是多多少少受启示要将其道成肉身的人；但他做不到，因为他不是没有躯壳的魂灵。在某种意义上，他最终被自己的人性背叛。

梅什金公爵作为一个角色，来自上一讲讨论的那些神学理念。让我们回忆一下，陀思妥耶夫斯基认为，由于自我的妨碍,在尘世履行基督的诫命是不可能的。即使家庭这种最纯洁、最道德的尘世之爱,也是自我的一种表现,并且会阻止个体融入一个互爱的尘世统一体。基督的博爱诫命与任何形式的性之爱存在着根本矛盾,这并不是因为性之爱在任何传统意义上都不纯洁,而是因为它必然是利己的。只有在时间的尽头,当人被转化为某种无性的、天使般的存在时,真正的博爱才有可能。

梅什金公爵看似代表了人类在当前形式下所能企及的这种理想的最高化身,但他被自己仍属人的本性与准神本性间的冲突撕裂了。基督是神人,想必能将这两者结合起来,但他在尘世显现乃是一个奇迹。梅什金公爵无法解决其作为人的个体之爱与其遵循基督博爱(基督教之爱)诫命之渴望间的冲突。

这种冲突只能在时间的尽头得到解决,而梅什金的一个具体面相在于,他生活在时间中,但仿佛时间没有连续或绵延。他和陀思妥耶夫斯基本人一样,被时间终结的末世论忧虑所困扰,这就是为什么他如此痴迷于死亡体验。在本书第一部,驱使梅什金公爵的便是这种对死亡的强烈敏感,而这表现在他对这一主题的三次叙述之中。

第一次叙述发生在与叶潘钦家门卫的对话中,后者因他穿着外国服装样貌古怪而拒绝其进入。但当公爵向他讲述一个即将上断头台者的痛苦时，社会障碍被打破，门卫的怀疑完全消失，他允许公爵登门。随后又有了关于被判死刑者获赦免的对话。这段叙述的效果再次解除了叶潘钦娜三姐妹对公爵的敌意，她们最初对他抱有怀疑，觉得他是个闯入者。最后，公爵建议正在为画作寻找题材的阿德莱达·叶潘钦娜画一个等待处决的死刑犯的脸。公爵随后描述了等待处决的死刑犯的全部感受。所有这些片段都让人联想到陀思妥耶夫斯基本人假处决的某些方面。

这个人被判处由行刑队枪决，后又被撤销判决——关于他的这则故事的结尾传达了一个重要的主题动机。在他知道自己能幸免前的等待期间，他觉得如果能被重新赐予生命，那他不会再浪费任何一个瞬间。换言之，他会把每一个瞬间都当作自己的最后一刻来活。但梅什金公爵随后承认，其故事的主人公辜负了自己的决心。亚历山德拉·叶潘钦娜反击道："可见，的确不能'精打细算'着过日子。"梅什金公爵回答说："我自己也认为是这样……不过，总有点儿不信。"从而强调了理性和道德理想之间的冲突。梅什金在这里显然是在谈论他自己，并界定了他认为自己的使命何在。哪怕梅什金故事中的人辜负了这个梦想，但无疑他自己也想这样做。公爵刚刚从癫痫导致的无意识状态中走出来，这种体验几乎可以被当作一次赦免死亡。在重新进入这个世界时，他想生活在末世论张力——这曾是（也仍是）原始基督教伦理的灵魂——中，生活在它那毫不考虑时间的、全然无私的"阿加佩"中。

总的来说，第一部里梅什金与其他人物的关系很清楚。他们每个人行事都受到某种利己力量的驱动——无论是虚荣、贪婪、野心，还是感官欲望。就像基督现身人世一样，梅什金的现身产生了一种效果，使他们对自己的自私短暂地产生道德上的认识，并在他们心中激起对更高道德秩序或无私秩序的觉察。他在每个人身上都点燃了一些火花，折射出一个更好的自我，或一个至少没那么完全以自我为中心的自我。当然，他对纳斯塔西娅·菲利波夫娜的影响最大，她经历了最深刻的伤害，且心中充满了自我憎恨与自我厌恶。导致这种情感的是她的堕落，但这违背了她自己的意愿，因为她在几乎还是个孩子的时候就受到托茨基引诱。她被蔑视和仇恨所吞噬，因为那些毁掉她一生的人如今正试图把她像一件动产那样买卖。

理解她性格的关键在于对她照片的描述以及梅什金对照片的评价："这是一张高傲的脸，非常高傲，但不知道她是否善良。"（第一部第三章）纳斯塔西娅强烈的骄傲情感使她无法原谅那些毁了她人生的人。最糟的是，她不能原谅自己，尽管她是受害者，她的行为中有某种受虐狂和自杀倾向。纳斯塔西娅来到圣彼得堡，准备和托茨基就其将她嫁给加尼亚·伊沃尔金，然后自己再与叶潘钦娜三姐妹之一结婚的计划与他当面对质。她心地纯洁，但托茨基的行径让她怒火中烧，她渴望报复自己受到的外在羞辱，却最终毁了她喜爱的，在某种程度上也是她自己梦想之化身的公爵。在她的社交晚会上，她让公爵决定自己该不该嫁给加尼亚·伊沃尔金，公爵向她求婚，并愿意献出财产。但纳斯塔西娅公开拒绝了他。利用梅什金公爵和他的天真这种念头让她不能容忍。由于无法摆脱陀思妥耶夫斯基所说的那种"受苦的利己主义"，这种微妙而复杂的利己主义给她带来了大量苦难，且最终将会摧毁她。[①] 但对陀思妥耶夫斯基而言，它往往具有积极价值，因为它能引导人物进行道德重估和改变（如拉斯柯尔尼科夫），或者是保持道德责任感的唯一途径（如在《地下室手记》中）。但纳斯塔西娅的苦难并未导致任何形式的道德自我净化。她的受苦的利己主义并没有这种效果；它是一种报复手段，而非内在转变。（第一部第十六章）第一部末尾提到切腹自杀，这是被侮辱

144

---

① "受苦的利己主义"是陀思妥耶夫斯基在他刚从西伯利亚归来后写作的长篇小说《被侮辱与被损害的》中使用的表述："她以痛苦为乐，以这种'受苦的利己主义'（假如可以这么说的话）为乐。这种刺激伤痛并以此为乐的心理我能理解：许多受到命运摧残、感到命运不公的被侮辱被损害的人，都以此为乐。"

者以戕害自己进行报复的又一个例子。

在第一部结尾，还不清楚梅什金公爵对他人影响的强度和持续时间。玛丽的故事中似乎有个预示，他可能会给那些在彼得堡受到折磨的灵魂带来安宁，就像他在瑞士村庄那样。由于陀思妥耶夫斯基对小说的进程非常不确定，他起初很可能考虑过这种可能。但也可以从另一个角度来阐释：这个片段发生在孩子中间，这就已经和后来的事情形成反差。故事中的"两种爱"动机已暗示了梅什金将面临的基督教之爱（纳斯塔西娅）与尘世之爱（阿格拉娅）间的冲突。让孩子们以为这两种爱没有区别，这是个非常微妙的手法。

阅读一下陀思妥耶夫斯基的信件和笔记（他把《白痴》第一部寄给出版人之后的那些），我们可以很清楚地看到，他一直在努力解决并担心接下来如何写的问题。所以在这些中间部分里有许多孤立场景，其中有些非常精彩，例如第一部第十六章末晚会场景中纳斯塔西娅把钱扔进火里的那一幕。而像伊沃尔金将军这样非凡的撒谎狂，除了莎士比亚笔下的法斯塔夫外，很难再找到能与之媲美者。伊沃尔金将军讲述的拿破仑占领莫斯科期间他与拿破仑邂逅的故事（第四部第四章）是一个讽刺性的模仿片段，陀思妥耶夫斯基的逗乐水准在此展现得淋漓尽致。但这些场景彼此之间似乎并没有什么内在联系。尽管如此，还是有三条彼此

145

交替的叙事线索贯穿其间。

一条线索是梅什金-纳斯塔西娅-罗戈任的爱恨情仇,这似乎是主情节线,但也消失过很长一段时间。第二条线索是阿格拉娅-梅什金的关系,而拉多姆斯基是感情竞争者。第三条线索包括涉及各位青年虚无主义者、伊波利特以及列别杰夫搞出的各种滑稽恶作剧的所有场景,类似于对主要宗教主题的戏拟,也能在中世纪戏剧和莎士比亚的剧作中找到,当然还有伊沃尔金将军说出的各种荒诞不经的故事。

第二部始于一个奇特的五章幕间插曲,梅什金公爵(以及其他人,如罗戈任和列别杰夫)在其中被以一种新方式呈现。在这六个月里,公爵应经历过一次重要的发展,而如今公爵的呈现方式经历了一次极其重要的切换。在第一部里,他的癫痫被当作他生活中的一个偶然事实,与其性格没有实质联系。它构成了有助于解释其天真的背景,但并未发挥重要作用。

公爵癫痫发作后,他才用狂喜的态度领悟生命。事实上,他对死亡的领悟已成为他爱生命的源泉,而把每一刻都当作永恒来过的尝试似乎与他的癫痫没什么特别关系。但在第二部我们看到,他希望改变那些他所接触的人(纳斯塔西娅和罗戈任)这一点,被呈现为他体验癫痫先兆的结果,以及一种崇高的幻觉。正是在经历这种氛围影响时,他觉

146

得"同情心是整个人类得以生存的最主要的法则,也许还是唯一的法则"。(第二部第五章)

这一转变的重要性在于,如今它表明公爵的最高价值与正常的尘世生活条件不可调和地对立。因为如今在陀思妥耶夫斯基笔下,他的最高价值之根源可以被追溯到他在癫痫先兆中体会到的"一种与生命的最高综合体热烈而虔诚地融为一体的感觉"。(第二部第五章)但他也知道,"这些'最高的瞬间'的明显后果出现在他面前的却是神志不清、心灵迷惘和痴呆状态"。因此,这些最高的瞬间在世界上没有容身之地,它们只能导致灾难。这种动机的转变或许能解释这些章节与早先风格完全不同的哥特式调子,也解释了他与罗戈任关于信仰的奇怪对话。先前的章节里没有任何迹象表明公爵是一个被类似问题困扰的角色。

由霍尔拜因的画作《墓中死去的基督》引发的梅什金公爵和罗戈任之间的这次交流,在四件轶事中达到了高潮。综合来看,它们的观点似乎是,人类(但俄罗斯人表现得最为强烈)对信仰和由信仰所支撑的道德价值之需求超越了理性思考和经验证据的层面。宗教信仰在社会层面上独立于道德。杀人犯会在杀人前说一句祈祷的话。重要的不是这一宗教姿态未能阻止犯罪,而是罪犯会继续犯罪。这意味着罪犯并没有变得全然不知悔改,而是犯罪对他而言并不会从根本上破坏更高的道德秩序。

"宗教感情的实质,既不能归结为高谈阔论,也不能归结为任何过错和罪行,并与任何无神论不相干。"梅什金如是对罗戈任说道。(第二部第四章)这里,陀思妥耶夫斯基将信仰与社会道德区分开来。丹麦宗教哲学家索伦·克尔凯郭尔在他的《恐惧与战栗》一书中,分析了上帝让亚伯拉罕牺牲其儿子以撒的命令——亚伯拉罕服从了这一命令,直到上帝用一只动物代替牺牲,他把这种由上帝下令犯罪的情况称为伦理的目的论悬置。[1] 这两种情况并不相同,但它们都阐释了宗教信仰的非理性。在这两个文本中,宗教信仰都得到了肯定,并被抽离出一切由理性正名的社会道德。若将这一观念应用于梅什金公爵本人,我们就会发现,梅什金的失败实践不应削弱他所体现的基督教之爱和宗教信仰的价值。

这些章节的情节算是第一部主线剧情的某种尾声,说明了公爵被变更的角色。他试图介入罗戈任和纳斯塔西娅的戏剧性故事,挽救这位癫狂的美人,让她不要自我毁灭。然而,虽然罗戈任知道公爵的爱是怜悯之爱,而非肉体之

---

[1]　纳斯塔西娅·菲利波夫娜的姓巴拉什科娃(Barashkova)可解作"绵羊的"。

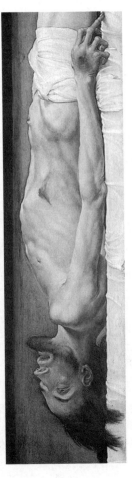

小汉斯·霍尔拜因，《墓中死去的基督》（木板蛋彩画，瑞士，巴塞尔）

爱,但公爵对纳斯塔西娅的掌控干扰了罗戈任在精神和肉体上占有她的绝望、无助的需求。这一连串事件以罗戈任企图杀死公爵告终,但梅什金公爵离开瑞士医院后的第一次癫痫发作阻挠了前者的计划。

小说的中间部分充斥着太多与主线情节只有松散联系(乃至毫无联系)的事件。但不难看出这些人物的主题意义,因为他们都反映了公爵本人的某个侧面,从而在这一更大的框架中让人看出是他的准分身。列别杰夫是公爵的一个喜剧近似物,他戏拟了公爵的同情心和非理性信仰。他出于同情每晚为杜巴利伯爵夫人(Madame du Barry)祈祷,因为她在法国大革命期间被送上断头台前遭受诸多苦难①,他关于中世纪食人者忏悔的滑稽而又可怕的故事,与公爵关于信仰的轶事表达了同样的观点。列别杰夫用一种十分欢闹的对法律修辞的戏拟来证明那种信仰,因为正是这一信仰激发了道德良知,并最终使食人者忏悔。(第三部第四章)

涉及那些青年虚无主义者的情节是对同一观点的另一种阐释。他们似乎是在攻击道德,但同时,他们坚持要求公爵表现得像"一个有良知和荣誉的人"。(第四部第一章)

---

① 法国国王路易十五的情妇,在法国大革命后的恐怖专政中被判处断头台死刑。她受刑前精神崩溃、歇斯底里的事迹广为人知。——译注

他们相信利己主义的自我利益，却认为自己的动机纯洁。他们本能地（或下意识地）相信似已被自己抛弃的道德价值，并斥责公爵辜负了这些价值。

在青年虚无主义者群体中，伊波利特是一个远为重要的人物，他根本不是喜剧形象，哪怕是，也得是现代黑色喜剧（如塞缪尔·贝克特），而非十九世纪文学中的任何人物可比。作为陀思妥耶夫斯基的第一个形而上反叛者，伊波利特非常重要，他反抗的不是社会道德规范（像拉斯柯尔尼科夫那样），而是人的境况本身之不公。源于《穷人》结尾处马卡尔·杰武什金绝望话语的一个暗示，在此发展成一个成熟的主题。伊波利特反抗的是这样一个世界，恶存在于其中并不是因为任何一种可以补救的社会安排，而是因为判处他英年早逝的疾病与死亡。在这一点上，他是公爵的一个对立"分身"，因为梅什金对生命无限价值的狂喜感为两人所共有。但正是因为这个原因，当上帝注定风华正茂的伊波利特要被剥夺他如此珍视的生命，这一点也就让他愈发痛苦。

伊波利特在小说中的作用既是挑战梅什金公爵的终极基督教价值观，也是通过反差引出其必要性。他的"必要的解释"（当然是不必要的）包含了梅什金公爵信仰的所有主要特征（第三部第五章），但这些都与一种相反的人情态度

150

相结合。伊波利特并没有像一个坚定的无神论者那样否定上帝的概念；相反，他是因上帝创造的世界而攻击上帝。他无法战胜自己的疑虑，他相信的是复活的奇迹。这一点从他对霍尔拜因同一幅画的反应中可以看出，正是这幅画早先曾导致公爵向罗戈任重申自己的信仰。但对伊波利特来说，这幅画代表了死亡和不存在灵魂的本性最终战胜基督和对死后生命的一切信仰。

尽管伊波利特是伊万·卡拉马佐夫的前驱，但这一人物显然简单得多。伊波利特的反抗源于他自己受的苦；这不是有人让他转信任何抽象理论的结果。此外，他所表现出的利己主义天真，感人，不苦恼，善良。伊波利特的反抗也无关任何可能产生有害社会影响的观点（尽管他与那些青年虚无主义者有联系）。而伊万·卡拉马佐夫对上帝的反抗则导致他消解了所有的道德-社会规范。

陀思妥耶夫斯基对伊波利特的态度相当复杂，混合着深刻的怜悯和悲伤的劝诫。梅什金告诉拉多姆斯基，任何人都无权批评伊波利特，而是应该请求他的宽恕，因为他注定英年早逝。但伊波利特他自己也必须战胜自己的利己主义（一种与纳斯塔西娅相似的"受苦的利己主义"），宽恕他人。在全书最感人的时刻之一，公爵告诉他："从我们身旁坦然而过，并且原谅我们幸福地活着。"（第四部第五章）伊

151

波利特参与的那些场景,就其复杂的调性而言,当属陀思妥耶夫斯基作品中最有创见的成就之列。

如果说小说第一部之后有什么主要情节,那就是公爵与阿格拉娅·叶潘钦娜的恋情。正是这段恋情最终导致了灾难。阿格拉娅是一个热情、正常的姑娘,她被公爵信仰与行为的道德美所吸引。但她无法不透过自己的贵族背景和被她内化了的欧洲文化理想来看待它们(这也是她唯一熟悉的角度)。然而,她把俄罗斯的虚己主义基督与西方天主教征服性的十字军混为一谈,并把梅什金公爵看作一个把精神信仰和世俗权力结合起来的战士、英雄。很少有评论家注意到"可怜的骑士"形象与梅什金的实际情况并不协调。但陀思妥耶夫斯基以多种方式展现了这一点,其高潮在于梅什金对天主教的抨击,而这恰恰就发生在他要被当作阿格拉娅的未婚夫介绍给大家的时候。陀思妥耶夫斯基在尾声中对阿格拉娅出嫁的叙述似乎加强了这种不协调。①

小说的最后一部围绕着阿格拉娅与纳斯塔西娅争夺公爵,以及公爵面对她俩的矛盾要求时的无助而展开。这是"两种爱"动机达到高潮的时刻,而梅什金公爵此时只是被

---

① 她嫁给了一个天主教徒,据信是波兰贵族成员,但其实他身无分文,最后拿走了阿格拉娅的所有钱财。

困在两者之间。这两位女性对他的奉献有着性质不同但同样迫切的要求，而他也不可能放弃对纳斯塔西娅的同情或对阿格拉娅的情欲。简而言之，公爵就这么精神崩溃了，但陀思妥耶夫斯基在此用戏剧化的手法，把他对公爵的整个构思中最深刻的层次，作为他自己关心的一系列宗教问题来体现。

陀思妥耶夫斯基当然完全明白普通人会如何看待公爵，他也试图运用多种方法将这一点纳入叙事。一种是让拉多姆斯基评价公爵的古怪行径。另一种是通过他自己的叙事手法。小说的叙事者抛弃了梅什金公爵，说觉得他不可理喻，到最后他只报告了一些关于公爵的流言蜚语。换句话说，公爵已超越了一种传统叙事所蕴含的社会解读的寻常范围。再次提及克尔凯郭尔对我们有所助益。在《恐惧与战栗》中，亚伯拉罕也被认为是疯了，因为他跑出去服从上帝的诫命，而其他人则根本什么都没听到。列别杰夫想把梅什金送进精神病院，还带来了一位医生。让我们回忆一下，当圣保罗对希腊人布道时，他的教义想必也激起了民愤，因为它们如此非理性。

小说以著名的死亡场景收尾，陀思妥耶夫斯基说他可以保证其效果。公爵一边安慰杀人凶手罗戈任，一边退回癫痫的黑暗之中,而后者的罪行部分也是由梅什金的癫痫幻觉引起的。梅什金的人生似乎只导致了灾难。尽管如此,小说的结尾表明,梅什金的道德感召力至少对某些人依旧保持着影响。

《白痴》出版时并不太成功,尽管它逐渐吸引了越来越多的读者。陀思妥耶夫斯基自己抱怨说,这本书的写作条件使他根本无法恰如其分地打磨、发展自己的理念。他随后的两部重要长篇小说《少年》(*A Raw Youth*,有时也被译作 *The Adolescent*)和《群魔》处理的是不同的问题,而后者是他最优秀的作品之一。只有到了广阔得多的《卡拉马佐夫兄弟》中,他才回到同一主题;这是他写过的最伟大的长篇小说,而且他试图通过佐西马长老这一人物,为他的宗教主题赋予一个比《白痴》更积极的解决方案。但他当然不可能完全做到这一点,因为要在现实主义小说的界限内描绘出不朽这一主题是不可能的。

第七章 《卡拉马佐夫兄弟》

第一讲

陀思妥耶夫斯基在七十年代写了两部重要的长篇小说。154其中之一是《少年》，它发表在当时最重要的民粹派杂志上。无论就阐释这本书的艺术价值，还是就探索陀思妥耶夫斯基对年轻激进派的情感转变而言，这一事实都很重要。

《少年》以流浪汉小说为本，是一个刚长大的年轻人的自传。像流浪汉小说里的主人公一样，他是一位贵族与其女农奴的私生子；他用了父亲的名字①，但作为一个社会弃

---

① 原文如此，事实上小说中少年坚持使用其名义父亲的父称马卡罗维奇，甚至在韦尔西洛夫用自己的名字称他为"安德烈耶维奇"时，还会被他特地改正。——译注

儿成长于社会边缘。这使得他想出各种计划来报复那些冒犯他的人，而他甚至被卷入一个革命小组。但本书着重于少年对他父亲韦尔西洛夫的态度，后者是个斯塔夫罗金①式的人物，但更人道、更温和。我指的是欧化俄罗斯人，他们身上透出了让陀思妥耶夫斯基火冒三丈的西方文化对俄罗斯上层阶级的影响。

　　韦尔西洛夫做了形形色色斯塔夫罗金般麻木不仁的事情——或者表面看来如此，因为这种麻木不仁是失去宗教信仰导致的道德混乱。但随着他转向某种可被称作"无神论宗教性"的理念倾向，如今我们在韦尔西洛夫身上看到的是对信仰的渴望。我们在韦尔西洛夫身上看到的并非反抗或挑战制定善恶规则的人类最高仲裁者，而是怀恋已失去的事物，以及渴望其回归。但在小说中，韦尔西洛夫本人并不能做到回归信仰，虽然他也没有像斯塔夫罗金那样最终走向自杀。相反，韦尔西洛夫实现了不完整的部分回归，并拖着半残之身和他的情妇——也是其先前的农奴和女仆——生活在一起。但他与民众结合的象征意义是显而易见的。

155

---

　　① 《群魔》的主人公。看起来弗兰克应该也讲解了《群魔》，但内容并未收入本书。——译注

主要人物当然是少年,但他与父亲的关系才是本书的核心。所以我们发现,陀思妥耶夫斯基已经在写一部关于一个俄罗斯家庭的长篇小说——以及一段父辈和子辈之间的关系。但它不再像《群魔》那样,从意识形态视角来处理四十年代和六十年代两代人之间的关系。相比意识形态本身,如今的重点更多是在于老一代父辈传给子女的道德价值观这一问题。陀思妥耶夫斯基开始觉得,对俄罗斯人而言,真正的问题在于家庭的解体,在于他所谓的"偶合家庭"之存在,以及由此导致的任何一种道德价值观传统的匮乏,能帮助孩子在人生起步阶段获得一些稳定和安全。当然,这将在《卡拉马佐夫兄弟》中得到更鲜明的呈现。

在《少年》中,儿子这个人物实则有两个父亲。一位是欧化俄罗斯人韦尔西洛夫,另一个是俄罗斯老农马卡尔·伊万诺维奇·多尔戈鲁基,一个游方朝圣者。他并非这位年轻人的亲生父亲,却是他的精神之父——就像佐西马长老之于阿廖沙·卡拉马佐夫那样。正是马卡尔·伊万诺维奇向儿子传授了俄罗斯人民的宗教和道德-社会价值观,也正是这些价值观帮助儿子阿尔卡季克服了他所面临的各种诱惑。情节结构的象征意义在这里依然十分明显。儿子需要的那些能使他能面对生活考验和诱惑(在小说中具有明显的性意味)的价值观只能来自他对民众真理的消化,而非

156

来自他生父韦尔西洛夫的那种西欧文化。对陀思妥耶夫斯基的年轻民粹派读者而言,这本会是一个很有吸引力的信号,因为他们也不认为西方对未来理想社会的构想应被俄罗斯人当作指南。虽然他们不会将马卡尔·伊万诺维奇视为俄罗斯农民生活价值观的化身或标志(他对他们而言过于虔诚),但陀思妥耶夫斯基非常聪明地用这样一个人物来诉诸他们的情感,因为他们自己也将俄罗斯农民理想化。

《少年》并不属于陀思妥耶夫斯基最伟大的长篇小说之列,尽管近年来有人试图对其重新做出更正面的评价。我倾向于赞成那些认为它整体上略逊一筹的观点,尽管它终究是陀思妥耶夫斯基在其创作巅峰期的作品,且确实包含了若干绝妙的篇章。但我觉得,对发表刊物的选取束缚了陀思妥耶夫斯基,没能让他的想象力尽情释放。这本书的缺点在于,它充满了情节剧式的事件和相当老套的情节元素,而它们并没有以陀思妥耶夫斯基一贯的方式,借助构思中的种种哲学和道德-宗教要素获得提升。情节的水平仍停留在社会和心理层面,没有被提升到艺术-意识形态表达的更高阶区域,只有一两个例外。陀思妥耶夫斯基这么做是因为他不希望过于明显地引入宗教主题,从而招致《祖国纪事》编辑们的不快——这份刊物的读者群是抱持自由派思想的知识阶层,所以他约束了自己。他无法真正

157

做到随心所欲地写作,这导致了本书相对失败。

陀思妥耶夫斯基后来谈及《少年》时,称之为《卡拉马佐夫兄弟》的一部初稿;他说,他很高兴当时没去充分表达自己关于偶合家庭和父与子的主题。我们现在明白他为什么要这样说了。与此同时,在《少年》完成后,他中断了几年长篇小说创作,全身心投入《作家日记》中。乍看起来这是他偏离了自己的艺术道路,但其实不然。因为陀思妥耶夫斯基这段时期其实一直在思考他的父与子题材,思考由于父辈无法将任何坚定的道德价值观传给家人,而导致俄罗斯生活混乱、无序,而他正在为自己的下一次创作收集素材。在一封书信中,他就是这么评价《作家日记》的——他称其为自己下一部作品的"艺术实验室",而他在这部长篇小说中动用的许多元素都可以与他为《作家日记》所写的文章关联起来。

读完这些文章会花费太多时间,但我们可以在《作家日记》中找到与长篇小说中的许多主题相关的材料:儿童题材;伊万·卡拉马佐夫对上帝的反抗;宗教大法官的传说,以及其中就天主教提出的看法;伊万的长篇大论中关于虐待儿童的一些细节,这些细节来自陀思妥耶夫斯基写过的若干案件;以及小说中的法庭场景本身,其中的辩护律师便是以陀思妥耶夫斯基在《作家日记》中写过的一位真实的著名辩护律师为原型的。许多类似动机可以在陀思妥耶夫斯基的早期作品中找到,但是《作家日记》让他有机会结合这一时期俄罗斯生活中的实际素材,对它们进行完善和打磨。

所有这一切最终在《卡拉马佐夫兄弟》的创作中达到高潮,这是陀思妥耶夫斯基最伟大的作品,也是长篇小说这一形式的巅峰之作。如果说《少年》不平衡、不明晰,那么在《卡拉马佐夫兄弟》中,陀思妥耶夫斯基发挥了自己的潜能,成功表达了他的那个伟大主题:理性与基督教信仰间的冲突。陀思妥耶夫斯基从未能将这一主题以如此庄严、有力的形式表现出来,而如今他的这本书在西方文学传统最伟大的创作中占有了一席之地。但丁的《神曲》、弥尔顿的《失乐园》、莎士比亚的《李尔王》、歌德的《浮士德》——这些都是我脑海里一下子涌现出来的《卡拉马佐夫兄弟》的比较对象。

《卡拉马佐夫兄弟》中的人物具有一种恢宏的品质,这一点值得细讲,因为这部长篇小说的开头其实与陀思妥耶夫斯基早先的作品并无太大区别。他依旧强调陷入某个危机高潮的情节———如既往地强调场景,而非描绘或冗长的人物分析——而通过一系列长篇独白,他笔下人物的形象跃然纸上:这是一些会揭示他们自己,且对自身本性有高度认识的人。但除此种种以外，陀思妥耶夫斯基现在还动用一个比以前大得多的象征性背景来展示人物。他们不仅是俄罗斯知识阶层或俄罗斯社会的社会与意识形态典型，如今还被视为各种古老历史力量与冲突的代表。

伊万·卡拉马佐夫可以被视作《白痴》中伊波利特的同类角色，只是得到了进一步发展。他反抗上帝不再是因为自身的苦难，而是因为孩子的苦难在我们现存的世界中得不到补偿。这已经扩展了伊万这一角色的维度。但除此之外，如今他自己的理念和价值观还体现在各种中世纪的传说和圣迹剧里，有关基督复归的末世论神话里，西班牙宗教裁判所的信仰审判里，还有《新约》中基督被撒旦诱惑的故事里。

159

笼罩德米特里的是席勒笔下的希腊世界，以及奥林匹斯诸神与在他们降世前统摄人类的黑暗、兽性力量的斗争。佐西马长老直接继承了东方教会最珍视的一项关键传统遗产。阿廖沙也被置于这同一种宗教语境之中，而他的怀疑危机让人想起《李尔王》和《哈姆雷特》，因为整个自然秩序都被它动摇。而解决这一问题靠的是一种来自秘密本原的宇宙性意念，这种本原将大地和星空联系在一起。甚至老卡拉马佐夫的形象也以类似方式得到拓展——他被称作衰亡时期的罗马人，他讲的那些轶事又让他与伏尔泰和叶卡捷琳娜大帝身处的十八世纪建立联系。正是这种象征序列的拓展，为《卡拉马佐夫兄弟》赋予了我们在小说中发现的那种恢宏品质，且让我们不可避免地做出这番比较。

我们已经提到，这本书的主题是理性与信仰的冲突——但指的是这种冲突让陀思妥耶夫斯基在七十年代感到烦扰的方面。民粹派意识形态抵触的不再是基督教价值观，而是基督教信仰。因此，在陀思妥耶夫斯基看来，理性与信仰之间的冲突在俄罗斯文化中的表现要比过去来得尖锐、清晰得多。从某种意义上说，陀思妥耶夫斯基先前的长篇小说都是在为基督教价值观进行辩护，而信仰本身这一问题一直存留于背景之中。但如今它作为《卡拉马佐夫兄弟》的一个主导主题出现。在小说第二部第五、六卷中，伴随着无可比拟的力量和崇高，理性与信仰的冲突得到戏剧化呈现。这一著名理念——也是本书的逻辑中心——包含了"宗教大法官的传说"，伊万对阿廖沙所讲述内容中的一则故事。这几章向我们展现了伊万对基督教上帝的反抗，以及"传说"中对基督本人的控诉——他给人类强加了无法承受的沉重负担；随后则是佐西马长老的布道作为对上述观点的回应——需要超越人类理性的界限，去信仰上帝，爱邻人。

陀思妥耶夫斯基曾说，整部长篇小说其实都是对"宗教大法官的传说"的回应。① 而我认为,这为读者解读这部作品提供了一条非常有价值的线索,因为它让我们能对一种相互联系有所觉察,而这是他在小说各部和彼此交织的各条情节线之间所感受到的。这种联系的基础是伊万叙事诗中表述的人类处境与所有重要角色的冲突之间的相似。我们在"传说"中看到的是对伊万"欧几里得式头脑"的表述,他对芸芸众生精神局限性的蔑视。他无法理解既然除了神人基督的光辉形象外,没有任何别的东西能为基督教的希望正名,那为何又要屈服于它,因而他认为人会为了对尘世食物的承诺而放弃自由。

本书剩余部分是对"传说"的答复,因为所有角色都必须以这样或那样的方式做出一次类似的信仰之跃——去信仰超乎他们自己之上的某人和某事。他们都得在某种自我放弃的行为中超越自身利己主义的界限。伊万是从宗教和神学角度表述了这一主题。而对其他人物而言,它是通过他们自己的支配性驱动和冲动,以及他们自身的利己主义形式来表述的。正是在这一背景中——每个人物所处的背景不同,但在小说中又全都交织在一起——人人都得完成一次道德上的自我超越行为。这种行为是非理性的,因为

161

①　具体信息和分析见《先知的衣钵》,页571,中译本页802。

它在某种程度上与眼下的自利相冲突。理性和利己主义是一致的,因此,照陀思妥耶夫斯基在世时俄罗斯激进派的定义,无论以何种形式放弃自利都会违背理性,并意味着需要进行一次信仰之跃,就像伊万的"传说"在宗教层面所要求的那样。

我认为在本书的大部分主题情节线中,甚至在对其最明显结构特征的组织中,都可以找到这样的模式。让我们就以本书最为核心的情节为例。它讲的是一场谋杀案的审判。德米特里并未杀死他的父亲,但根据一切法律推理,案件的走势对他极为不利:所有旁证都指向他,但其实他是无辜的。而只有那些违逆所有理性表象的人——只有那些愿意对他的话报以信赖,那些遵循内心对他的直觉而非所谓事实的人——只有他们才知道真相。德米特里于是被错误定罪。所有法律理性的机制都不足以了解真正的真相,而真相的到来是要通过心灵和感觉。于是这个核心主题就以最明显的形式出现了。

本书开篇介绍了全部四个中心人物,让我们对他们有了初步了解。老卡拉马佐夫是一个我们熟悉的陀思妥耶夫斯基式典型:渴望复仇的小丑,他的生活始于被羞辱,可一旦获得权力,他就会变成暴君,与此同时还欺凌自己。这时他还表现出一种无法控制的纵欲倾向,对这种典型来说,这算是件新鲜事。他是这个偶合家庭的父亲，这个家庭的成员没有从他那里获得任何类型的价值观，并且每个人纷纷走上了自己的道路。

与此同时，陀思妥耶夫斯基又指出，即使沉沦、堕落如老卡拉马佐夫者，也不只是一个肉欲怪物。当他的第一任妻子去世时，他欢呼雀跃的同时也暗自哭泣。几年后，他突然给修道院捐赠一千卢布，以追荐她的亡魂。尽管如此，他还是狂饮无度并冒犯修士。所以就连他也陷入了某种个人存在的低级与高级原则间的斗争，这种斗争被以各种方式揭示出来——最明显的是他对阿廖沙的情感依赖。

在这个开头部分，对德米特里和伊万的刻画比对老卡拉马佐夫和阿廖沙的更简短，但两者各自再现了父亲的一个方面。德米特里继承了他的纵欲，而伊万则在智识的敏锐上与他相仿。伊万还具有陀思妥耶夫斯基笔下幻想家的形象——闷闷不乐，沉思各种普遍问题的年轻知识分子——的一些典型特征。但通过提及伊万的一篇有关教会法庭的文章，人们对他开始有了更深入的了解。伊万的立场太过暧昧，以至于双方都认定他是在倡导己方的观点。而这当然既体现了他对教会及其价值观的好感，也体现了他对前者的抵触。

三兄弟中最受关注的是阿廖沙，这有几个原因。首先，他本将是陀思妥耶夫斯基计划撰写的关于这个家庭的系列长篇小说的主人公。其次，陀思妥耶夫斯基尽力想让读者觉得阿廖沙并非梅什金公爵那般不切实际或古怪的人物。陀思妥耶夫斯基想要呈现的是一个积极形象，他心智正常、完全健康，不缺胳膊短腿也没有癫痫，然而他全心全意地献身于基督教信仰。我们看到，阿廖沙也被称为"一个早熟的仁爱之士"和"一个属于当代的青年"（第一卷第五章），他满怀激情地求索真理和正义。作家还补充了一句，一旦阿廖沙不再信仰上帝和不朽，那他会立即成为无神论者和社会主义者。如若阿廖沙当真失去信仰，将他引向佐西马的那些品质本会将他引向革命。对阿廖沙的这种构思之所以成为可能，是因为民粹派在信仰上接受了基督教价值观这一新情况的出现，而我们在第一卷中能看到俄罗斯村妇就展现了这种信仰。如此写实地描绘这一场景——类似景象肯定在各所名修道院里都发生过——是为了让民粹派去看，为了向他们展示俄罗斯人民真正的力量，以及他们如何献身于先辈的宗教。

小说的主要主题开始展开也正是因阿廖沙的关系。因为叙事者提到了阿廖沙信仰奇迹，尽管又说他"比任何人都现实主义"。（第一卷第五章）但在这里我们能发现，这种现实主义被与信仰或信念仔细地区分开来。两者的区别在于，真正的信仰不依赖任何外在、物质、可见、有形、经验性的东西。信仰影响并决定了我们对经验世界的理解，反之则不然。这段话预示了阿廖沙因佐西马长老遗体腐烂而产生的精神危机，而这一变故只是陀思妥耶夫斯基投射其核心主题的一种方式。从一个角度来看，可以将其定义为把真正的信仰与任何外在于它本身的事物对立起来，信仰应该是一种纯粹的内在肯定行为，任何为其寻求确认、证明或外在支持的做法都与它格格不入。

阿廖沙和他父亲的对话以一种间接方式阐释了这个主题——一种不用经验和有形世界支撑的信仰是必需的。老卡拉马佐夫试图通过把地狱想象成一个满是惩罚机器的物理场所来克服自己对地狱的恐惧。由于做不到这一点，他只能假装其不存在。但这只是在徒劳地拓展其欧几里得式头脑的极限。总而言之，可以说信仰是永远都会战胜这种欧几里得式头脑的事物，而后者则会排除一切超乎自然的经验。同样的"头脑"以不同方式显现在老卡拉马佐夫、霍赫拉科娃太太、斯梅尔佳科夫、费拉蓬特神父（他又是另一个特别的问题了）身上，且最后体现在对伊万显现的魔鬼身上。

本书的情节始于第二卷，在第二卷我们了解到，德米特里和他父亲之间的恩怨不仅是为了钱,也是为了格鲁申卡。进步理性观点的各个方面被呈现于自由派米乌索夫和霍赫拉科娃太太身上。她与佐西马长老的对话再次挑起了信仰的主题。该如何证明不朽存在?而佐西马的回答是,证据是不可能有的。只有积极的爱才能带来信仰,这一来我们就看到了本书两个核心主题之间的联系。在信仰缺失的情况下,那么我前面说的对自我和利己主义的超越就是获得信仰的唯一途径。

在那场围绕伊万关于教会和国家的文章而展开的讨论中,他的性格也得到进一步发展。读者会发现,伊万为教会代言,主张它将国家吸收到自己内部,而这就意味着爱之法则将统治世俗和社会生活的每个领域。将不再有严格意义上的法律,不再有外部的强制约束,取而代之的是作为一种道德力量的基督徒良知的自由行动。神的国将由此在大地上真正建立起来。伊万鼓吹这一目标反映出他何等热烈地回应了这一最崇高形式的基督教理想的呼请。

但与此同时,他也争辩说,这一切都取决于对上帝和不朽的信仰。若缺乏这种信仰,自然规律就会变成宗教律法的直接对立面,于是就导致只有利己主义才合法。只有基督教信仰能支持世上的爱之法则。伊万同时论证这两种立场,这一事实展现了他内在冲突的剧烈,自然也预示了后文中的"宗教大法官的传说"。佐西马长老听他这么一说，便明白了伊万极度痛苦的精神状况。佐西马告诉伊万，他正在玩弄其自身优柔寡断和绝望带来的折磨。佐西马说他（伊万）有一颗"能够经受这种磨难的高超的心"，让他大受感动，虔诚地亲吻神父的手并请求其祝福。

德米特里在第二卷中也得到进一步发展，我们开始发现他不仅是个吵闹的惹是生非之徒。他有一种对"体面"的渴望，而且不同于伊万的是，他是个真正的虔信者。他也能够懊悔、自责，这一点我们从他就自己对斯涅吉廖夫大尉所作所为的忏悔中就可以看出来。但德米特里也有着难以控制的脾气。正是在目睹了德米特里的一次怒火发作后，佐西马长老跪在了他脚下。

这一卷的结尾描写了阿廖沙与丽莎·霍赫拉科娃的关系。这可能是陀思妥耶夫斯基在为其后续想写的几部长篇小说做准备，奈何天不假年。作为一个角色，丽莎可以与《白痴》中的伊波利特相比较。身患疾病使她任性乖张、充满愤恨，但她也因年轻和天真而招人怜悯。她与阿廖沙间的关系呼应了伊万与卡捷琳娜、德米特里与格鲁申卡间的关系。她的性格当然还意味着对她轻浮母亲所给予她的生活和教育的一种反思。

这一部分的结尾是阿廖沙和拉基京之间的对比。后者也是修道院里的一个见习修士，但已改宗无神论、科学和实证主义。他认为即使不信仰不朽——也就意味着不依靠上帝或基督——人类也将在自己身上找到为美德而生活的力量。但拉基京本人行事总是从最利己的动机出发，之前伊万曾论证，若上帝和不朽不存在，自然法则（利己主义）就将在世界上盛行，而拉基京就体现了伊万援引的这种可能性。

在接下来的两卷，即第三、四卷中，阿廖沙进行了一系列走访，我们借此对一些人物有了更全面的了解。同样是在这里，我们知晓了斯梅尔佳科夫——很可能是老卡拉马佐夫的私生子——的故事。我们还了解了老人的生活安排——这对解开主要情节中的事件至关重要，以及老卡拉马佐夫与仆人格里戈里的关系。这一点很重要，因为这里我们能看到，即便一个如老卡拉马佐夫般堕落的犬儒，若不将自己的情感诉诸他所渴望的爱之法则，那他也无法真正存在于世。因为他依赖格里戈里的信仰和奉献——也就是说，他无条件地信任格里戈里，诉诸他的忠诚，而这种忠诚植根于这位仆人的基督教信仰，尽管他憎恶主人的行为。因此我们看到，即使是老卡拉马佐夫也因格里戈里的献身精神而完成了一次非理性的信仰之跃，并对其产生依赖——不仅是在实践层面上，而且还作为一种慰藉，让他能脱离这种状态："在喝醉酒之后，心里会突然感到一种精神上的恐惧和一种道德上的震动，从而在他心里产生一种（可以说吧）近乎生理上的痛苦。"

下一个重要情节是阿廖沙和德米特里间的若干场景。这是另一个揭示人物突然扩展自身边界与维度的例证。因为在德米特里那"一颗热烈的心的忏悔"中，我们开始用一种新视角来看待他。他从一个暴躁的年轻军官和充满怨恨的惹是生非之徒，变成一个每句话中都饱含汹涌和激昂诗意的人物。我们先前只知道德米特里的放荡生活尚没有摧毁他的道德感。而现在，陀思妥耶夫斯基把他人格的这两方面都提升到了某种神话高度。他引用诗歌，从而把对自己堕落的厌恶上升并融入人类为升华和净化自身动物欲望和本能而进行的斗争之中。德米特里没有能力约束、压制这些本能，但他渴望天性中会发生某些变化，让他能够获得自尊。而这确实就将是他实现自尊的方式——依靠激情，对格鲁申卡的激情，而这种激情会把欲望变成真正的爱。可是目前他仍处在困惑之中，正如他所说的那样："但是我不知道：我走进了污秽和耻辱，还是走进了光明和欢乐。"因为人的灵魂里既藏着圣母的理想，也藏着索多玛的理想。这当然是对德米特里的难题——与色欲、肉体的斗争——

的一种表述。圣母的理想并非被压制或否定的肉体理想，而是被真正的爱改换容貌、变得崇高的肉体理想。

德米特里与卡捷琳娜的关系就是在这种背景下展开的。他诱惑她完全是出于受伤的虚荣心，而不是出于生理激情，他们的关系因此变成了一场争夺主导权的竞争。卡捷琳娜的唯一反应是以宽宏大量对待德米特里，好让他明白自己在道德上的劣势。她的"感激"变成一种重负，结果生活对他而言变得无法忍受。于是乎，当他遇上挑逗而诱人的格鲁申卡时，他就被彻底征服了。

接下来四章将注意力集中在斯梅尔佳科夫身上，他的性格让人既怜悯又厌恶。当然，他是伊万的一个分身，预示了书中后来伊万幻觉中出现的魔鬼。他被描绘成一个完全没有任何感激或责任这样的自然情感的人物。他也是书中大量"理性主义者"的一员。当然，所有这些"理性主义者"在某种程度上都是对伊万备受折磨的道德虚无主义的漫画式呈现。斯梅尔佳科夫也是陀思妥耶夫斯基感觉正在俄国崛起的一种社会典型——革命的炮灰。农民被从他们的旧文化中连根拔起，并暴露于理性主义的新理念中，这将对俄罗斯的生活产生爆炸性影响。

168

第三卷还包括了涉及卡捷琳娜和格鲁申卡的场景,这些场景在第四卷得以延续:伊万与卡捷琳娜·伊万诺夫娜一刀两断,和德米特里先前的做法同样果断。伊万认为卡捷琳娜除了撕裂的爱什么都做不到,这种评价也适用于他自己。卡捷琳娜在某种意义上是伊万的分身,我认为除了在情节中的作用外,她的另一项功能就是让陀思妥耶夫斯基能以一些更人性的方式展现伊万的特征。因为我们所看到的他是被意识形态论证和诗意象征严重折射过的。但卡捷琳娜和伊万这两个人物间的相似为我们更直接地呈现了他人格的一些特征。伊万的骄傲和智识上的傲慢使他无法屈服于信仰的神秘,而卡捷琳娜除了自己以外无法爱任何人这一点也同样扎根于这些人性品质。

第四卷还包括了对费拉蓬特神父的描绘,他是佐西马在修道院里的对手。我认为,他的功能是反衬出佐西马的相对开明,陀思妥耶夫斯基不想让后者与俄罗斯修道院制度各项更为严苛的传统相混淆。但在更深刻的主题层面上,费拉蓬特也是书中对理性主义攻击的一部分。尽管他是僧侣,信仰超自然,但由于他对超自然的信仰停留在字面之上,他终究还是个理性主义者。它在其想象中全面具象化,并非一种精神现实,而是一种字面意义上的现实,在这方面他与老卡拉马佐夫很相似。他的宗教需要被物质证据

169

证实,因此并非真正意义上的信仰——它不能掺杂任何靠事实来检验的成分。信仰必须只依靠自身来维持。

诚如陀思妥耶夫斯基自己所言,小说的对话中心包含在第五卷和第六卷中。此外还应加上第七卷,其中叙述了阿廖沙的精神危机及其解决。伊万和佐西马辩论的正反对抗是以阿廖沙的主题为框架的,而后者也是对他们对立的一种解决。

伊万表述他反抗上帝世界的三个章节,与我们所见德米特里的情况相似。这里我们再次看到一个人物忽然获得垂直拓展,这使他看上去突然伟岸起来,尽管伊万的变化并不像德米特里那么惊人。但我们没有时间仔细讲解这一变化。让我们把注意力集中在"传说"本身,其中包含了这本书的意识形态核心。关于它已经写下了无数著作,而我们在此只能抓住一些最为皮毛的东西。

第二讲

在这一讲我要尝试一项不可能的任务——用两个课时就陀思妥耶夫斯基最后一部伟大长篇小说讲些明智的内容。《卡拉马佐夫兄弟》是一部宏大的作品,跻身于最伟大的文学创作之列。谈及它时,我们会联想到整个西方艺术史上那些最伟大的时刻:《俄瑞斯忒亚》①、但丁、米开朗琪罗、《李尔王》、贝多芬的第九交响曲。能和陀思妥耶夫斯基这部作品相提并论的似乎应该是这些作品,而不是某部寻常的长篇小说,无论它有多优秀。即使它的伟大对手,托尔斯泰的《战争与和平》,也没有《卡拉马佐夫兄弟》的力量和影响力——至少在我看来如此。因此,要在这么短的时间里试图就它说些什么,颇有些暴殄天物的意味。但我想做的是为读者提供一些关于它的总体观念,从而帮助大家深入研习。

170

对本书的一种解读始于我在前一讲对文化境况改变所做的分析。用最简单的话来讲,我们可以说陀思妥耶夫斯基不再从基督教伦理价值观的视角出发与激进派进行争论。他现在是从基督教信仰本身出发与他们进行争论。激进派自己也开始转而接受陀思妥耶夫斯基和基督教的惯常价值观,且开始试着去理想化农民及其生活——这种生活植根于对上帝和基督简单而天真的信仰。也正因此如今陀思妥耶夫斯基觉得,他或许能从激进派知识阶层自己的视

---

① 指埃斯库罗斯的三连悲剧:《阿伽门农》《奠酒人》《报仇神》。——译注

角向他们发出呼吁,并向他们展示其观点的种种缺陷。因为如果没有上帝作为基础,人怎么能接受农民生活的基督教价值观?这就是陀思妥耶夫斯基的出发点,尽管他把这个问题大大拔高,使其可以媲美基督教信仰——乃至笼统上各种宗教信仰——悖论的最崇高表达:在一个被奉为善之源头的全能神祇创造的世界里,何以存在着恶。

尽管小说体量庞大,但如果把它作为一个整体来看,我们能否找到一个核心观点,使我们能清晰捕捉到它的首要主题?我认为这种核心观点是有的,而且它与我已陈述过的一个问题相关。因为我们必须始终牢记,陀思妥耶夫斯基试图在这本书中表明,人类被不断地吸引去面对、承认其生活和人格的终极奥秘与非理性。任何试图停留在理性和常识的范围内,以逃避和否认这种奥秘或非理性的行为,都会导致不可调和的内在冲突,并最终导致人的自我毁灭。而一旦到了真要面对这个终极奥秘和非理性的时候,一个人能够做出的唯一恰当回应就是对上帝和基督的信仰。但它必须是同一种意义上的信仰:即愿意接受自身非理性和矛盾性的信仰。它不能在任何物质和有形物中寻求支撑。基督在广义上是理性的,而信仰实则必须仅依靠自身,依靠自己信念的力量。

我认为这就是本书的基本理念;如果以这种视角看本

171

书,就会看到它在书中描述的多数(甚至全部)重大事件中得到贯彻。例如,我们且回到小说的主要情节,用最简单的话说,这关乎一场谋杀案的审判。正如我们之前所说,德米特里并未犯下弑父之罪,只是根据法律推理和种种证据,案子对他极为不利,一切都一边倒地指向了他有罪。但其实他是无辜的。而只有那些不顾理性的一切表象,仍然愿意信赖他的话,遵循自己的内心直觉,而非法律程序产生的、要我们相信的那些所谓事实的人,唯有他们才知道真相。因此德米特里被错误地定了罪。而法律理性的所有机制都不足以抵达真相。

对此我们还可以再提出一个问题:毕竟给德米特里定罪的是一个由农民组成的陪审团。既然农民是非理性信仰的保存者,且陀思妥耶夫斯基据信是以他们的名义在写作,那么我们开头说的事实如何适应这一主题呢?这里我们可以给出一些答案。首先,这些农民受到西方法律理性的陌生形式(一八六四年司法改革的结果)迷惑,而审判恰恰是按照这种形式进行的。

陀思妥耶夫斯基在七十年代初的一篇文章中写道,这 172 种西方法律理性常常导致新式法庭的司法不公。然而,如果我们探究一下辩护律师的论点,一个更深层、更微妙的原因就会显现。因为在这里我们可以看到,这些农民实际上和那些认为德米特里无辜的人捍卫的是同一些观点。律师争辩说，德米特里的父亲老卡拉马佐夫并不是一个真正的父亲，因为他残忍且无视孩子；从任何理性的正义观来看，杀了他都是情有可原的。这否认了父子之间无条件之爱的非理性纽带，而这种纽带构成了家庭的基础，它植根于基督教信仰。这正是那些农民捍卫的价值观，而他们错给德米特里定罪之举反而确证了小说的主题核心。

在有关阿廖沙和佐西马神父遗体腐烂的情节中，可以发现这一总模式的另一个例子。乍一看它似乎很难契合我的总主题。毕竟阿廖沙所期待的是一个奇迹——佐西马神父的遗体因其神圣而不会如凡人般迅速腐朽。这种传统深深植根于正教会，甚至可以追溯到基督教的最初阶段。而如果不是对非理性的确认，如果不能为宗教信仰肯定与正名，那奇迹又是什么？但这后一点正是问题所在。

阿廖沙期待着一个明显的奇迹，这是对自然秩序的侵犯，也就是对魔鬼的试探。这是基督在"宗教大法官的传说"中抵制的一个诱惑。要看到一个物质上的奇迹，一个可以让任何有理性者信服佐西马之神圣的奇迹，而这种需求恰恰就是阿廖沙受到的诱惑。这么做就是在把理性翻译成他的神学术语。因为按照陀思妥耶夫斯基的看法，信仰除

173

了自身之外不需要（或不应需要）任何事物。信仰可以被自由采纳，完全独立于一切证明，这一事实反而增强了它的纯洁。在这一意义上，陀思妥耶夫斯基的宗教理想与克尔凯郭尔的相当接近，后者也强调信仰是对一切理性标准的超越，换句话说，是诉诸荒谬——尽管陀思妥耶夫斯基自然不会使用这种术语。

这两个例子阐释了本书的核心模式，且它在诸多不同的层面上反复。比如让我们来看卡拉马佐夫家族的成员。在他们每个人身上，我们都可以看到人格的终极非理性的某些方面，能说明对超越理性的信仰之需求，以及这种信仰的力量。

老卡拉马佐夫几乎完全活在声色犬马之中，能干出最无耻的行径。而在自觉信念的层面上，他是个深信不疑的十八世纪式的唯物主义者，并把这些理念变成自己为非作歹的借口。然而我们也能看到，有关地狱的念头让他有些烦恼，尽管他试图借助种种诡辩，用理性予以驳斥——地狱这种地方在物质层面上不可能存在，挂人的钩子该放哪里，等等。（第一卷第四章）和这种想法相呼应的是阿廖沙对物质奇迹的渴望，以及对费拉蓬特神父的半讽刺性描述。他就像是老卡拉马佐夫在修士中的对应，只不过他们位于两个极端。

但问题是,老卡拉马佐夫知道地狱不是一个物理场所,而是一种存在状态,他内心仍情不自禁地对超自然世界存在的可能性感到恐惧。这就是为什么他需要阿廖沙,世界上唯一不谴责他的人。阿廖沙的看法是与超自然的关系在俗世的等价物,而老卡拉马佐夫渴望它,并担心它不会降临,尽管这并不妨碍老卡拉马佐夫做出种种乖张之举,但它表明,即使是一个如此彻底的唯物主义者仍有着精神和道德的维度。他秘密渴望着他正否认并违逆的事物,故而他展现了人类人格中自由的非理性情形,这种情形无法被简化成任何理性范畴。

我们发现,德米特里的性格也以另一种方式阐释了同一点。德米特里继承了自己父亲所有的肉欲,但有着更高度的道德自我意识去进行平衡。要把老卡拉马佐夫从他的情欲中抽出来是不可能的,而德米特里则是(用他自己的说法)在圣母理想和索多玛理想之间摇摆不定。德米特里不是无神论者或唯物主义者,但他同样陷入自身肉欲和激情的唯物主义中。他所进行的合理化(我们可以如是称呼)并非智识上的,而是存在于激情的层面,即他不认为自己有可能摆脱自身恶习的控制。鉴于他的天性、气质和既往生活,没有理由期望他能有所改变。但随着事件的发展,他与格鲁申卡的关系从纯粹的肉欲发展为真正的爱、温柔与付出，或者说从物质发展为精神。所以可以说，我们看到非理性战胜了物质，而前者在陀思妥耶夫斯基笔下总是与精神相一致，后者则总是与理性相一致。无论我们是否接受这两个等式，它们对陀思妥耶夫斯基而言确实是存在的，并有助于我们抓住《卡拉马佐夫兄弟》中的一些类比关系。

伊万并不像德米特里那样有一颗受激情支配的心；相反，他继承了父亲的冷淡而好挖苦的智识。所以他的冲突是以意识形态的方式表达的。我们初次听说他的情况涉及他的政教关系理论。如今我们知道，在陀思妥耶夫斯基的思考中，国家是物质而非精神的原则，建立于权力而非爱之上。而教会——至少在理想情况下——则是建立于人在基督中的兄弟情谊以及彼此之爱的基础上（因此这个三角排除了天主教，因为它夺取了世俗权力）。此外，国家还是理性原则的化身，因为它根据功绩分配正义（而正义是理性的），根据罪责进行惩罚。教会是精神的、非理性的，因为它的罚是内在的、道德的（而或许它根本就不罚），而且这种罚仅仅在于把有罪者革出爱的共同体。国家若被吸收进教会，就意味着精神和爱战胜权力。

伊万赞成教会吸收国家，尽管他不相信上帝。这解释了最终导致他崩溃的人格分裂。他明白道德、精神和非理性有多重要，且自身在情感上也需要它们，但由于其智识中那自负的理性，他无法完全接纳它们。

当然还有第四个儿子斯梅尔佳科夫也必须被纳入考量。他在书中扮演着双重角色。首先，陀思妥耶夫斯基意图通过他来揭示，当伊万所代表的理性主义与农民（斯梅尔佳科夫）的思维方式发生接触，且可以说被简化到了极致时，将会导致什么后果。斯梅尔佳科夫从幼年起就无法被想象与精神世界触动，他的观点总是极为实用和功利。他在这方面很像老卡拉马佐夫和费拉蓬特神父，他用另一种调子戏拟了他们的互动。但他自然也是对伊万的戏拟，他在与伊万的关系中扮演的角色颇有些像《罪与罚》中斯维德里盖洛夫对拉斯柯尔尼科夫起到的作用。斯梅尔佳科夫将伊万理念的实际后果带向了其逻辑结论，而伊万则选择不去面对它。由于伊万是一个自觉的人道主义者，人类的苦难让他的心备受折磨，且他也没听说过什么可以帮助他克服顾虑的超人理论，所以让他亲自去实施谋杀是不可能的。

伊万的另一个准分身是卡捷琳娜·伊万诺夫娜。她所代表的与其说是伊万的理念，不如说是他的性格，只是缺了那种会暴露他明白自己理念和价值观局限性的内在冲突。卡捷琳娜有着伊万在智识上的一切骄傲和利己主义，而她对别人的所谓仁爱也和伊万的慈悲一样，其实只是其利己主义的另一种表现。她的女性虚荣使她不可能屈从自己真正爱的伊万，而他的智识虚荣也使他不可能屈从自己真正爱的基督。我们稍后再回来讲这一点。但让我顺便指出这种准分身手法的另一些范例。霍赫拉科娃夫人与佐西马神父的关系是对阿廖沙与佐西马关系的一种戏拟。丽莎与阿廖沙的关系则类似卡捷琳娜与伊万的关系。

但现在让我们来看看陀思妥耶夫斯基本人所说的小说精华所在，即第五、六卷。其中包括"宗教大法官的传说"和佐西马的回忆与思考。本书的意识形态核心集中在这里，光围绕"传说"就已写下卷帙浩繁的著述。我们不会谈它的缘起，这一点尽管很重要，但通过《作家日记》中的一系列文章仍可以轻易发现。[①] 但陀思妥耶夫斯基在"传说"中将社会主义和天主教相提并论，引起了很多人的困惑。

---

① 摘自约瑟夫·弗兰克的《怒火中烧》(*Inflamed*)（评费奥多尔·陀思妥耶夫斯基著，《作家日记：卷一，1873—1876》，肯尼思·朗茨译注，伊利诺伊州埃文斯顿：西北大学出版社，1993）："《作家日记》是［陀思妥耶夫斯基］所有书中最不为人所知的一本，包含了他的一些最感人的自传篇章，记录了他与其他俄罗斯作家如涅克拉索夫、列斯科夫(Leskov)、别林斯基和托尔斯泰的接触以及对他们的回应。它可以帮助我们阐明俄罗斯文化史的这一整个阶段。"载《伦敦书评》第十五卷，第二十三期（1993年12月2日），页18—19。

如果说他的主要敌人是社会主义激进派,那为什么他要把暴政和专制的原则体现在天主教的宗教大法官身上? 一个经常被人给出的答案指向席勒《唐·卡洛斯》的影响。① 这个回答多半没错,但仍流于表面。另一个稍许深入的回答是,斯拉夫派和陀思妥耶夫斯基把罗马天主教和社会主义都看作同一种世俗权力意识形态的一部分。社会主义是法国人创造的(见傅立叶),无非是天主教理想的无神论版本,梅什金公爵在《白痴》中曾抨击这种理想背叛了基督。而在一个更深刻的层面上,虽然这个传说只是伊万的创作,但也许正是他在为激进派代言,看到他们的理想如何体现在统摄人心的暴政的那位高高在上的代表身上。只消想想后来俄国激进派和一九一七年革命的历史,读者就会对此处陀思妥耶夫斯基未卜先知的能力感到震惊,而伊万所遵循(哪怕只是部分遵循)的传统也在后来的历史中得以延续。

无论如何,读者都要记住这一点: 写下这则传说的是

---

① 弗里德里希·席勒的戏剧诗《唐·卡洛斯》(1783–1787)里的标题人物是西班牙国王腓力二世之子。他爱上了法国国王亨利二世的长女伊丽莎白。由于政治原因,伊丽莎白被迫嫁给唐·卡洛斯的父亲。由于无法和伊丽莎白在一起,唐·卡洛斯决定离开西班牙。当他与伊丽莎白告别时,国王腓力二世将他逮捕,并递交给宗教裁判所。

伊万，而不是陀思妥耶夫斯基或他笔下的其他人物。而且他写作的时候处于一种特别的心境之下：他刚刚和卡捷琳娜分手，终于感到自由了；他告诉阿廖沙，他对生活有一种原始、本能、非理性的热爱。这是卡拉马佐夫家族的自发生命力在伊万身上的体现。但他也失去了对生活本身的信仰和全部热爱，他其实正靠着自己的年轻本能，而非生活的真正乐趣活下去。本能可以帮他把这段日子撑过去，但伊万的难题是要找到一个理由，让他可以在此后继续生活。

眼下他对生活幻灭的原因正是人类的非理性苦难。但很重要的一点是，要注意伊万是从什么视角描绘这种苦难的。这是一个被苦难感动，但同时又厌恶人类者的观点。因为他所描绘的苦难是由人的恶之倾向造成的，而这些倾向又是人天性的一部分。因此，伊万自己超然于人类，觉得自己比人类优越，就像宗教大法官一样，但他又为人类的苦难感到怜悯。而且他坚持认为，这种二分法对他的欧几里得式头脑而言是有意义的，所谓欧几里得式头脑，就是试图用理性来衡量恶与苦难的奥秘。只要停留在这个层面上，就无法在逻辑上反驳伊万的论据。陀思妥耶夫斯基毫不犹豫地给伊万的立场以最有力的呈现，这是他作为作家天才的一个体现。他在《作家日记》中说的完全正确，欧洲文学中尚没有任何片段能像伊万的"离经叛道"这一章那般有力地传达无神论思想。①

　　但紧随其后的就是"宗教大法官的传说",古今一切文学作品中最美妙精致的创作之一。如上所述,伊万那些理性论据的基础实则是他对人类的蔑视,通过展现这一点,"宗教大法官的传说"旨在削弱伊万的论据。虽然这种蔑视中混合着爱,但它终究是蔑视。由于伊万是这首叙事诗的作者,它反映了其人格中的全部冲突。一方面,我们看到基督再临的光辉形象,它揭示了伊万对精神和超验,对爱的共同体和信仰基督的一切渴望。它也表达了伊万内心的一种冲动,正是这种冲动让他为教会吸收国家的理论进行辩护。但随后我们便看到宗教大法官驾到,他逮捕了基督,并在自己的独白中解释说,他已不再有容身之地。

　　他的理由是,教会在奇迹、神秘和权柄这三种外在力量(即地上的面包、物质奖励、权力的外在表现)的基础上建立了对人类精神的统治。做这一切都是为了人的幸福,而且它也行之有效——因而满足了人类理性的需求。但我们知道,当撒旦向基督提供这种权能时,后者拒绝了。基督不

----

　　① 费·米·陀思妥耶夫斯基,《三十卷著作全集》,瓦·格·巴扎诺夫等编,第二十七卷:《作家日记》(列宁格勒:科学出版社,1984)。译按:原文如此,我们未能在这一卷中检索到类似说法。

想把他对人的权柄建立在对其能力的各种物质证明之上，不是建立在任何物质的，因而也是理性的事物之上，而是完全建立于一种自由天赋——人在信仰基础上的爱——之上。

所以我们看到，对基督的这种看法与我试图在本书中应用的普遍诠释模式相契合。所有主要情节都以某种类比的方式，展现了物质、感官与信仰、爱、信赖之间的同一冲突。所以我们看到宗教大法官因基督拒绝这些诱惑而鄙视他，理由是人类太软弱，无法承载这种道德自由的重负。因为这需要人在彻底自由的情况下，完全出于爱而选择跟随基督。所以我们看到，尽管宗教大法官以他自己的方式爱着人类（而不像伊万），他也蔑视人类。或者至少可以说，他希望否定人类的道德自主，而在陀思妥耶夫斯基看来，这正是人类人格之基础。

现在我们可以稍许看清，这部传说在哪方面削弱了伊万无可辩驳的论据——因孩子遭受苦难而拒绝上帝。这个论据来自伊万的欧几里得式头脑，即他希望上帝的善能以某种理性的方式合乎情理。但宇宙并不会在这一意义上合乎情理，这正是因为上帝希望人在绝对自由中完全独立地选择基督。上帝不希望人类因事先知晓上帝全能、全善而做出选择。上帝对人的爱表现在他与伊万以及宗教大法官不同,相信人能够自由选择基督。换句话说,上帝赋予人以道德自主和意志自由,因为他相信人能够不顾一切表象和一切理性而接受上帝。我们在此又一次非常接近克尔凯郭尔的观点。

这其实是"宗教大法官的传说"回应伊万论据的一种方式。上帝对人的爱恰恰是通过赋予他作恶的能力——即自由意志——来展现的。另一方面,宗教大法官虽然披着基督教的衣钵,却拒绝承认人能胜任陀思妥耶夫斯基眼中基督教信仰的本质。这就是在含蓄地承认,人类只会接受来自基督的救赎,决不会交出精神王国和道德自主权,纵使他们可能会被教会欺骗。假基督若想有人谛听,就必须以真基督的名义言说。陀思妥耶夫斯基有意将这一结论应用于当时的俄罗斯激进派——他们拒绝超自然的基督,但接受其教导的道德价值观。基督给宗教大法官的最后一吻,以及阿廖沙给伊万的最后一吻,都是宽恕之吻,是宽恕一切的爱之吻。因为宗教大法官和伊万都怜悯并爱着受苦的人类,只不过是以自己的方式,不放心把自由交给他们。在我看来,这个吻代表了陀思妥耶夫斯基本人对新激进派的态度,他准备宽恕,但不会接受他们——缺乏真信仰可能会把他们变成可怕的暴君。

181

附录一　讲稿提及作品的影视改编

小说标题	电影标题,导演,国家,年份
《穷人》	《我的邻居马尔蒂卡》,马克·温东,法国,2016 *My Neighbor Martika*, Marc Windon, France, 2016 《穷人》,巴哈迪尔·阿迪洛夫、加汉革尔·喀斯莫夫,乌兹别克斯坦,1992 *Bednye lyudi*, Bahodyr Adylov and Dzhahangir Kasymov, Uzbekistan, 1992 《穷人》,扬·巴尔纳,罗马尼亚,1969 *Oameni Sarmani*, Ion Barna, Romania, 1969 《穷人》,安托万·穆尔,法国,1938 *Les pauvres gens*, Antoine Mourre, France, 1938
《分身》	《分身》,理查德·阿尤阿德,英国,2014 *The Double*, Richard Ayoade, UK, 2014 《宿敌》,德尼·维尔纳夫[通译"丹尼斯·维伦纽瓦"],加拿大、西班牙,2014 *Enemy*, Denis Villeneuve, Canada, Spain, 2014

小说标题	电影标题,导演,国家,年份
《分身》	《搭档》,贝纳尔多·贝尔托卢奇[通译"贝纳尔多·贝托鲁奇"],意大利,1968 *Partner*,Bernardo Bertolucci,Italy,1968 《敌人》,日沃因·帕夫洛维奇,塞尔维亚,1965 *Neprijatelj*,Zivojin Pavlovic,Serbia,1965
《死屋手记》	《来自死屋》,斯特凡·梅特日,法国、日本,2008 *Zmrtvého domu*,Stéphane Metge,France,Japan,2008 《来自死屋》,布赖恩·拉奇,奥地利,1992 *From the House of the Dead*,Brian Large,Austria,1992 《死屋》,瓦西里·费奥多罗夫,苏联,1932 *Myortvy dom*,Vasilii Fyodorov,USSR,1932
《地下室手记》	《地下室手记》,韩博渊,加拿大,2019 *Notes from Underground*,Beau Han Bridge,Canada,2019 《强尼·沃克》,克里斯·德·梅斯特、安东·朔尔滕,比利时、美国、荷兰,2015 *Johnny Walker*,Kris De Meester,Anton Scholten,Belgium,USA,Netherlands,2015 《地下》,泽基·德米尔库布兹,土耳其,2012 *Inside*,Zeki Demirkubuz,Turkey,2012 《地下室手记》,希波什·约瑟夫,匈牙利,2011 *Feljegyzesek az egerlyukbol*,József Sipos,Hungary,2011 《我唾弃你的人字拖》,米歇尔·托埃斯卡,法国,2005 *J'irai cracher sur vos tongs*,Michel Toesca,France,2005 《地下室手记》,加里·瓦尔库夫,美国,1995 *Notes from Underground*,Gary Walkow,USA,1995 《日与夜》,让-贝尔纳·梅努,法国,1986 *Jour et nuit*,Jean-Bernard Menoud,France,1986

小说标题	电影标题，导演，国家，年份
《地下室手记》	《同时代人》，蒂莫·林纳萨洛，芬兰，1984 *Aikalainen*，Timo Linnasalo，Finland，1984 《地下人》，尼古拉斯·萨尔基斯，阿根廷，1981 *El Hombre del Subsuelo*，Nicolás Sarquís，Argentina，1981 《首领博博》［?］，吉勒·卡茨，法国，1980 *Bobo la tête*，Gilles Katz，France，1980
《罪与罚》	《罪与罚》，弗拉基米尔·索科利斯基、马修·赫罗赫，加拿大，2019 *Crime and Punishment*，Vladimir Sokolsky，Matthew Hroch，Canada，2019 《睡眠之桥》，奥克塔内·布拉赫马尼、奥克塔伊·巴拉赫尼，伊朗，2018 *Bridge of Sleep*，Oktane Brahmani，Oktay Baraheni，Iran，2018 《罪与罚》，安德鲁·奥基夫，澳大利亚，2015 *Crime and Punishment*，Andrew O'Keefe，Australia，2015 《大学生》，达莱江·奥米尔巴耶夫，哈萨克斯坦，2012 *Student*，Darezhan Omirbaev，Kazakhstan，2012 《历史的终结》，拉夫·迪亚兹，菲律宾，2013 *Norte: Hangganan ng Kasaysayan*，Lav Diaz，Philippines，2013 《尼娜》［又译《黑眼圈》］，埃托尔·达利亚，巴西，2004 *Nina*，Heitor Dhalia，Brazil，2004 《罪与罚》，梅纳赫姆·戈兰，美国、俄罗斯、波兰，2002 *Crime and Punishment*，Menahem Golan，USA，Russia，Poland，2002

184

小说标题	电影标题,导演,国家,年份
《罪与罚》	《罪与罚》,朱利安·贾罗德,英国,2002 *Crime and Punishment*, Julian Jarrold, UK, 2002 《罪与罚》,彼得·杜马瓦[通译"皮奥特·杜马拉"],波兰,2002 *Crime and Punishment*, Piotr Dumala, Poland, 2002 《罪与罚》,约瑟夫·萨金特,美国,1998 *Crime and Punishment*, Joseph Sargent, USA, 1998 《没有同情》,弗朗西斯科·J.隆巴尔迪,秘鲁、墨西哥、法国,1994 *Sin Compasión*, Francisco J. Lombardi, Peru, Mexico, France, 1994 《罪与罚》,安杰伊·瓦伊达,德国,1992 *Schuld und Sühne*, Andrzej Wajda, Germany, 1992 《罪与罚》,阿基·考里斯梅基,芬兰,1983 *Rikos ja Rangaistus*, Aki Kaurismäki, Finland, 1983 《罪与罚》,迈克尔·达洛,英国,1979 *Crime and Punishment*, Michael Darlow, UK, 1979 《罪与罚》,尼萨尔·艾哈迈德·安萨里,印度,1974 *Jurm Aur Sazaa*, Nisar Ahmad Ansari, India, 1974 《罪与罚》,K.维什瓦纳特,印度,1973 *Neramu Siksha*, K. Vishwanath, India, 1973 《罪与罚》,萨瓦·姆尔马克,南斯拉夫,1972 *Zlocin i kazna*, Sava Mrmak, Yugoslavia, 1972 《罪与罚》,斯泰利奥·洛伦齐,法国,1971 *Crime et châtiment*, Stellio Lorenzi, France, 1971 《罪与罚》,列夫·库利扎诺夫,苏联,1970 *Crime and Punishment*, Lev Kulidzhanov, USSR, 1970 《罪与罚》,毛诺·许沃宁,芬兰,1967 *Rikos ja rangaistus*, Mauno Hyvönen, Finland, 1967

小说标题	电影标题, 导演, 国家, 年份
《罪与罚》	《罪与罚》, 安东·朱利奥·马亚诺, 意大利, 1963 *Delitto e castigo*, Anton Giulio Majano, Italy, 1963 《拉斯柯尔尼科夫》, 弗朗茨·彼得·维尔特, 西德, 1959 *Raskolnikoff*, Franz Peter Wirth, West Germany, 1959 《扒手》, 罗伯特·布列松, 法国, 1959 *Pickpocket*, Robert Bresson, France, 1959 《罪与罚》, 丹尼斯·桑德斯, 美国, 1959 *Crime and Punishment*, Denis Sanders, USA, 1959 《罪与罚》, 易卜拉欣·埃马拉, 埃及, 1957 *El Gharima waal ikab*, Ibrahim Emara, Egypt, 1957 《罪与罚》, 乔治·朗潘, 法国, 1956 *Crime et châtiment*, Georges Lampin, France, 1956 《拉斯柯尔尼科夫》, 库尔特·格茨-普夫卢格、弗兰克·洛塔尔, 西德, 1953 *Raskolnikow*, Curt Goetz-Pflug, Frank Lothar, West Germany, 1953 《罪与罚》, 费尔南多·德·富恩特斯, 墨西哥, 1951 *Crimen y castigo*, Fernando de Fuentes, Mexico, 1951 《罪与罚》, 汉普·福斯特曼, 瑞典, 1945 *Brott och straff*, Hampe Faustman, Sweden, 1945 《罪与罚》, 约瑟夫·冯·斯特恩贝格[通译"斯登堡"], 美国, 1935 *Crime and Punishment*, Josef von Sternberg, USA, 1935 《罪与罚》, 皮埃尔·舍纳尔, 法国, 1935 *Crime et châtiment*, Pierre Chenal, France, 1935 《罪之果》, 印度, 1924 *Paper Parinam*, India, 1924

小说标题	电影标题,导演,国家,年份
《罪与罚》	《拉斯柯尔尼科夫》,罗伯特·韦内,德国,1923 *Raskolnikow*, Robert Wiene, Germany, 1923 《罪与罚》,伊万·弗龙斯基,俄罗斯,1913 *Prestuplenie i nakazanie*, Ivan Vronsky, Russia, 1913 《罪与罚》,瓦西里·贡恰罗夫,俄罗斯,1909 *Prestuplenie i nakazanie*, Vasily Goncharov, Russia, 1909
《白痴》	《白痴》,赖纳·萨尔内特,爱沙尼亚,2011 *Idioot*, Rainer Sarnet, Estonia, 2011 《白痴》,弗拉基米尔·博尔特科,俄罗斯,2003 *Idiot*, Vladimir Bortko, Russia, 2003 《唐氏浩室》,罗曼·卡恰诺夫,俄罗斯,2001 *Down House*, Roman Kachanov, Russia, 2001 《白痴的回归》,萨沙·格德翁,捷克共和国,1999 *Navrat Idiota*, Sasa Gedeon, Czech Republic, 1999 《纳斯塔西娅》,安杰伊·瓦伊达,日本、波兰,1994 *Nastasja*, Andrzej Wajda, Japan and Poland,1994 《白痴》,马尼·考尔,印度,1992 *The Idiot*, Mani Kaul, India, 1992 《旷野的爱》,安杰伊·茹瓦夫斯基[通译"安德烈·祖拉斯基"],法国,1985 *L'amour braque*, Andrzei Zulawski, France, 1985 《白痴》,罗尔夫·冯·叙多,西德,1968 *Der Idiot*, Rolf von Sydow, West Germany, 1968 《白痴》,安德烈·巴萨克,法国,1968 *L'idiot*, Andre Barsacq, France, 1968 《巴尔塔扎尔的遭遇》[又译《驴子巴特萨》],罗伯特·布列松,法国,1966 *Au hazard Balthazar*, Robert Bresson, France, 1966

185

小说标题	电影标题,导演,国家,年份
《白痴》	《白痴》,贾科莫·瓦卡里,意大利,1959 *L'idiota*,Giacomo Vaccari,Italy,1959 《白痴》,伊万·佩里耶夫,苏联,1959 *Idiot*,Ivan Pyryev,USSR,1959 《白痴》,黑泽明,日本,1951 *Hakuchi*,Akira Kurosawa,Japan,1951 《白痴》,乔治·朗潘,法国,1946 *L'idiot*,Georges Lampin,France,1946 《流浪的灵魂》,卡尔·弗勒利希,丹麦,1921 *Irrende Seelen*,Carl Froelich,Denmark,1921 《白痴公爵》,欧金尼奥·佩雷戈,意大利,1920 *Il principe idiota*,Eugenio Perego,Italy,1920 《白痴》,萨尔瓦托雷·阿韦尔萨诺,意大利,1919 *L'idiota*,Salvatore Aversano,Italy,1919 《白痴》,彼得·恰尔德宁,俄罗斯,1910 *Idiot*,Pyotr Chardynin,Russia,1910
《卡拉马佐夫兄弟》	《卡拉马佐夫兄弟》,都筑淳一,日本,2013 *Brothers Karamazov*,Jun'ichi Tsuzuki,Japan,2013 《人子》,雅内克·安布罗斯,美国,2011 *Son of Man*,Janek Ambros,USA,2011 《卡拉马佐夫兄弟》,尤里·莫罗兹,俄罗斯,2009 *Bratya Karamazovy*,Yury Moroz,Russia,2009 《卡拉马佐夫兄弟》,彼得·泽伦卡,捷克共和国,2008 *The Karamazov Brothers*,Petr Zelenka,Czech Republic,2008 《宗教大法官》,贝灿·莫里斯·埃文斯,英国,2002 *Inquisition*,Betsan Morris Evans,UK,2002 《男孩们》,尤里·格里戈里耶夫,苏联,1990 *Mal'chiki*,Yuriy Grigoryev,USSR,1990

小说标题	电影标题,导演,国家,年份
《卡拉马佐夫兄弟》	《宗教大法官》,拉乌尔·桑格拉,法国,1979 *Le grand inquisiteur*, Raoul Sangla, France, 1979 《卡拉马佐夫兄弟》,基里尔·拉夫罗夫,苏联,1969 *Bratya Karamazovy*, Kirill Lavrov, USSR, 1969 《卡拉马佐夫兄弟》,桑德罗·博尔基,意大利,1969 *I fratelli Karamazov*, Sandro Bolchi, Italy, 1969 《卡拉马佐夫兄弟》,马塞尔·布吕瓦尔,法国,1969 *Les frères Karamazov*, Marcel Bluwal, France, 1969 《卡拉马佐夫兄弟》,安东·彼得斯,比利时,1968 *Gebroeders Karamazow*, Anton Peters, Belgium, 1968 《卡拉马佐夫兄弟》,理查德·布鲁克斯,美国,1958 *Brothers Karamazov*, Richard Brooks, USA, 1958 《卡拉马佐夫兄弟》,贾科莫·真蒂洛莫,意大利,1947 *I fratelli Karamazoff*, Giacomo Gentilomo, Italy, 1947 《杀人犯德米特里·卡拉马佐夫》,埃里克·恩格斯、费奥多尔·奥采普,德国,1931 *Der Mörder Dimitri Karamasoff*, Erich Engels, Fyodor Ozep, Germany, 1931 《卡拉马佐夫兄弟》,卡尔·弗勒利希、德米特里·布霍韦茨基,德国,1921 *Die Brüder Karamasoff*, Carl Froelich, Dimitri Buchowetzki, Germany, 1921 《卡拉马佐夫兄弟》,劳伦斯·B.麦吉尔,美国,1917 *Brothers Karamazov*, Lawrence B. McGill, USA, 1917 《卡拉马佐夫兄弟》,维克托·图良斯基,俄罗斯,1915 *Bratya Karamazovy*, Viktor Tourjansky, Russia, 1915

附录二　约瑟夫·弗兰克的陀思妥耶夫斯基

让我们先看两段引文。第一段来自爱德华·达尔伯格,陀思妥耶夫斯基级的暴脾气,假如英语世界中有这种人的话:

> 市民通过偶像崇拜来确保天才不妨碍自己。喀耳刻的魔杖轻轻一触,那些神圣的麻烦制造者就变成了猪刺绣。①

———————————

① 摘自《这些骨头能活吗?》("Can These Bones Live?"),载《爱德华·达尔伯格读本》(*The Edward Dahlberg Reader*,新方向出版社,1957)。译按:喀耳刻是希腊神话中的一位女妖,常用迷药将人变成怪物,如在《奥德修纪》中,她就将奥德修斯的一些水手变成猪。

第二段来自屠格涅夫的《父与子》：

　　"现在最有益的事情是否定——我们就来否定。"

　　"否定一切？"

　　"否定一切。"

　　"怎么？不仅否定艺术和诗……而且要……说出来都可怕……"

　　"否定一切。"巴扎罗夫泰然自若地重复说。①

　　故事背景是这样的：一九五七年，普林斯顿大学一位名叫约瑟夫·弗兰克，时年三十八岁的比较文学教授正在备一节关于存在主义的课，然后他开始研究费奥多尔·米哈伊洛维奇·陀思妥耶夫斯基的《地下室手记》。任何读过这本书的人都可以证实，《地下室手记》（1864）是一部有力而又极为诡异的小型长篇小说，而这两种品质都与一个事实有关：此书既普遍又特殊。书中主人公给自己诊断的"病"——兼有自大和自卑、盛怒和怯懦、意识形态狂热和对无法按自己信念行事的自觉：他自相矛盾而又自我否定

---

① 引自《屠格涅夫全集　第三卷：长篇小说》，磊然译（石家庄：河北教育出版社，2000），页236。——译注

228

的整个性格——使他成为一个普遍性人物，而我们都能在他身上看到自己的某些部分，就像埃阿斯或哈姆雷特这样永恒的文学原型。但与此同时，如果不了解十九世纪六十年代俄罗斯的智识氛围，尤其当时在激进知识阶层中流行的空想社会主义和审美功利主义——一种陀思妥耶夫斯基怀着那种只有陀思妥耶夫斯基在憎恶时才能怀有的激情去憎恶的意识形态——给人带来的震颤，那就不可能真正理解《地下室手记》及其主人公地下人。

总之，为了让自己的学生对《地下室手记》能有全面了解，弗兰克教授正在费劲地浏览小说的某些特殊语境与背景，这时，他开始对一个想法产生兴趣——用陀思妥耶夫斯基的小说作为某种桥梁，连接解释文学的两种不同方式：一种纯粹形式、美学的方法，以及一种只关心主题及其背后哲学前提的社会-破折号-意识形态批评。①

这种兴趣加上四十年的学术劳动，为我们带来了关于陀思妥耶夫斯基生平、时代和创作的前四卷研究（预计共五

189

---

① 当然，当代文学理论全都在表明这两种阅读方法间没有真正区别——或者更确切地说，它是要表明，美学差不多永远可以被还原为意识形态。对我来说，之所以弗兰克的总工程如此可圈可点，一个原因就在于，它展示了一种完全不同的、结合形式和意识形态解读的路径，这种路径几乎不会像文学理论那样深奥、（时而）简化、（往往）扼杀愉悦。

卷）。这些书都由普林斯顿大学出版社出版。这四本书的标题都是《陀思妥耶夫斯基》,之后的副标题分别是:《反叛的种子,1821-1849》(1976);《受难的岁月,1850-1859》(1984);《自由的苏醒,1860-1865》(1986);而今年问世的则是价格惊人的精装本《非凡的年代,1865-1871》。弗兰克教授现在想必有七十五岁了,从《非凡的年代》的封底照片来看,不太能说他很矍铄①,很可能所有认真研究陀思妥耶夫斯基的学者都在屏息凝神等待,看弗兰克能否挺得够久,把他那百科全书式的研究一直延续到十九世纪八十年代初,也就是陀思妥耶夫斯基完成自己的第四部伟大长篇小说②,发表其著名的普希金演讲,随后去世的年代。不过,哪怕《陀思妥耶夫斯基》第五卷没能写成,如今问世的第四卷也确保了弗兰克的历史地位——史上最优秀小说家之一的权威文学传记作者。

　　** 我是个好人吗? 在内心深处,我是当真想做个好

---

　　①　我可以想象,他在图书馆花的时间足以让任何人精疲力竭。

　　②　陀氏与莎士比亚有诸多惊人的相似之处,其中之一就是其成熟期也有四部作品被公认为杰作——《罪与罚》《白痴》《群魔》(又作《鬼》,又作《附魔者》)和《卡拉马佐夫兄弟》——而这四部作品都涉及谋杀,且都属于悲剧(这一点有争议)。

人,抑或只想看上去像个好人,好让人(包括我自己)认可我? 有区别吗? 从道德上讲,我又如何真能确知我不是在对自己胡说八道?**

在某种意义上,弗兰克的书根本不是真正的文学传记,至少不像艾尔曼关于乔伊斯的书和贝特关于济慈的书那样。首先,弗兰克既是传记作家,但也是文化史学家——他的目的是为陀氏作品创造一个准确而详尽的背景,将作者的生平和创作置于对十九世纪俄罗斯智识生活的一套连贯叙述之中。虽然艾尔曼的《乔伊斯传》几乎是衡量多数文学传记的准绳,但其中完全没像弗兰克那样对意识形态、政治或社会理论进行详细介绍。弗兰克要做的是展现,如果不详细了解文化环境——这些书是在这种环境中构思的,也是在为它添砖加瓦——那就不可能对陀思妥耶夫斯基的小说进行全面解读。弗兰克认为,这是因为陀思妥耶夫斯基的成熟作品就其根本而言是意识形态性的,如果不了解其中的论战议程,就无法真正去欣赏它们。换言之,《地下室手记》那兼具普遍性与特殊性的特征①确实也属于陀氏

190

---

① 第三卷《自由的苏醒》中收录了对《地下室手记》的精辟解读,将该书的缘起追溯到对由尼·加·车尔尼雪夫斯基的《怎么办?》所激起的"理性利己主义"热潮的回应,并证明地下人本质上是个戏拟性漫画人物。(转下页)

的所有最佳作品。照弗兰克的说法，这位作家"显然希望……在俄国历史的背景下戏剧性地表现他的道德-精神主题"。[①]

弗兰克传记的另一个非标准特征是他把很大的篇幅用来评论陀思妥耶夫斯基写的书。他在《非凡的年代》的序言中说："让陀思妥耶夫斯基的生活值得大书特书的正是这些杰作的创作，因此，就像本书前三卷一样，我的目的是使它们始终处于突出的地位，而不是把它们当作生活本身的附属品"。[②]在这最新的一卷中，至少有三分之一篇幅被用于详细解读陀思妥耶夫斯基在这令人惊叹的五年中创作的

(接上页)弗兰克解释了《地下室手记》遭遇的普遍误读(很多人并没有把这本书当作一本哲理小说[conte philosophique]来阅读，而是以为陀思妥耶夫斯基把地下人设计成了一个严肃的、哈姆雷特式的原型人物)，而这也有助于解释为什么许多人能在完全没真正领会陀氏意识形态前提的情况下，依旧阅读、欣赏他那些更著名的长篇小说："[地下人]的戏拟功能一直被其作为某种艺术化身的巨大生命力所掩盖。"[译按：引自《自由的苏醒》，页315，中译本页447。]换言之，在某种程度上，就陀思妥耶夫斯基自己的目的而言，他写得好过了头。

① 约瑟夫·弗兰克，《陀思妥耶夫斯基：非凡的年代，1865-1871》(普林斯顿：普林斯顿大学出版社，1995)，页268。译按：中译本见约瑟夫·弗兰克，《陀思妥耶夫斯基：非凡的年代，1865-1871》，戴大洪译(桂林：广西师范大学出版社，2020)，页371。以下本书简称《非凡的年代》。

② 上引书页 xi，中译本页 i。——译注

作品——《罪与罚》《赌徒》《白痴》《永远的丈夫》和《鬼》（*Demons*）①。这些解读的意图是说明性的，而非争论性或由理论主导的；其目的在于尽可能清晰地表明，陀思妥耶夫斯基本人希望这些书有什么含义。尽管这种方法假定不存在"意图谬见"（Intentional Fallacy）②，但表面上看弗兰克的

---

① 最后这本书弗兰克称之为《群魔》（*The Devils*）。翻译俄语书面语包含着诸多难以应对的难题，一个征兆就是陀氏许多著作的标题都有好几种英译法——我读的第一个《地下室手记》版本自称《暗窖回忆录》（*Memoirs from a Dark Cellar*）。

② 弗兰克教授从未在四卷传记中提及过意图谬见理论[a]，也没有试图反驳有关其传记中满是这种谬见的反对意见。这种沉默在某种程度上是可以理解的，因为弗兰克在其所有解读中保持的基调都是最大限度的克制、客观：他不是要强加任何解码陀思妥耶夫斯基的特定理论与方法，而且他总是回避与那些选择用陀氏作品试自己手头斧刃锋芒的批评家交锋。当弗兰克确实想质疑或批评某种解读时（如偶尔攻击巴赫金的《陀思妥耶夫斯基诗学问题》，或在第一卷附录中对弗洛伊德的《陀思妥耶夫斯基与弑父》所做的相当精彩的回应），他总是简单地指出历史记录和／或陀思妥耶夫斯基自己的笔记、信件与该批评家的某些假设相矛盾。他从来不会争辩说某人错了，而只是说他们没掌握全部事实。

这里同样有趣的一点是，约瑟夫·弗兰克成为学者的时候，正是新批评在美国学术界扎根之时，而往昔忠厚的意图谬见理论几乎就是新批评的奠基石；因此，鉴于弗兰克不仅没有发声拒绝或反驳意图谬见，还表现得仿佛它根本不存在，让人不禁遐想围绕其工程涌动的各种奇妙的弑父潜流——弗兰克给自己过去的老师们悄无声息地扮了个大鬼脸。但如果我们还记得，新批评将作者从阐释方程式中剔除，这成了为后结构主义文学理论（如解构主义、拉康精神分析、马克思主义／女性主义文化研究、福柯／格林布拉特式〔Greenblattian〕新历史主义等）扫清道路的主要力量，而文学理论则意欲对文本本身做那种新批评曾对文本作者所做的事，那么如今这一幕看起来就像是约瑟夫·弗兰克在提前急转弯驶离理论[b]，并试图构建一个如此截然不同的阅读、阐释体系，以至于对文学理论的各种前提而言，它（即弗兰克的方法）似乎是一种比任何可能的正面进军更为有效的奇袭。

（转下页）

总工程上仍能为其正名，而工程的目的始终都是着眼陀思妥耶夫斯基自己如何在意识形态方面参与俄罗斯的历史与文化，并从中追踪并解释这些小说的缘起。①

    "信仰"到底意味着什么？如"宗教信仰""信仰上帝"等。总的来说，相信某种没有证据的事物不是很疯狂吗？一些原始部落将处女献给火山，因为他们相信这会带来好天气，这与我们所谓的信仰之间真有什么区别吗？一个人怎么能在获得拥有信仰的足够理由前就拥有信仰？或者说，需要拥有信仰是拥有信仰的一个充分理由吗？但那样的话，我们谈论的又是种什么样的需要？

(接上页)(a)假如您是在很久以前上的文学入门课，那么意图谬见＝"通过作者在创作时表达或声称的意图来判断一件艺术作品的意义或成功与否"。意图谬见和感受谬见(＝"以一件艺术作品的成果，尤其是它的情感效果来评判这件作品")是客观型文本批评，尤其新批评的两大禁忌。

    (b)(上述理论之于我们自身时代属于激进智识潮流，就如同虚无主义和理性利己主义之于陀氏时代的俄罗斯。)

    ① 可能有必要提醒下大家：弗兰克对这些小说的解读极为契近而详细，有时详得几乎如同透过显微镜，而这可能会让你读得很慢。此外，弗兰克的详解看来会要求其读者对陀思妥耶夫斯基的小说记忆犹新——如果你当真回去重读了他所讨论的任何一部小说，那你最终就会从他的讨论中多获得无法估量的益处。虽然我也不知道这算不算个缺陷，毕竟文学传记的部分魅力就在于它可以为读者提供重新阅读的动机／契机。

若想真正欣赏弗兰克教授的成就——不仅仅是吸收并浓缩了现存数百万页陀思妥耶夫斯基的手稿、笔记、信件和日记，以及同时代人写下的传记和上百种不同语言的批评研究——那么重要的是要理解，他努力将多少种不同的传记和批评方法结合起来。标准的文学传记聚焦某位作者和他的个人生活（尤其那些污秽或神经质的东西），而很容易忽略他写作的具体历史语境。其他研究——尤其那些有理论目的的研究——几乎只关注语境，而把作者和他的书当作其时代偏见、权力动力学（power dynamics）和形而上妄想的一些简单功能。有些传记写得仿佛传主自己的作品已经全都被弄清楚了，所以作者就把所有时间都花在了追踪个人生平与文学含义的关系上，而后者被认为已经是固定且无可争辩的了。另一方面，我们时代的许多"批评研究"以密闭的方式对待作家的著作，无视关于作家境况和信仰的种种事实，而这些事实不仅有助于解释其作品是关于什么的，还能解释为什么它具有一位特定个体作家的人格、文体、声音和视野等方面的特殊个体性魅力。①

———————

① 这种作家本人独特的突出印记是读者喜欢某位作家的一大原因。那种让您往往能在几个段落内就看出某本书是狄更斯、契诃夫、（转下页）

194

我生命的真正意义只是尽可能少地承受痛苦，并尽可能多地享受快乐吗？我的行为似乎显然表明这是我的信念，至少在很多时候如此。但这不是一种自私的生活方式吗？忘掉自私吧——它难道不孤独得可怕？

因此，从传记的角度来看，弗兰克的尝试既有抱负，而且值得。与此同时，他的四卷书也是一项无比详细、要求苛刻的工作，研究一位异常复杂、艰深的作者，一个身处的时代与文化对我们而言都很陌生的小说家。除非我能够给出某种论据，说明为什么我们这些一九九六年的美国读者应该觉得陀思妥耶夫斯基的小说重要，否则在这里推荐弗兰克的研究似乎很难让人觉得有什么可信度。我只能粗略地这么做一下，因为我不是文学评论家或陀思妥耶夫斯基专家。不过，我是个活体美国人，既想写小说又爱读小说，多亏了约瑟夫·弗兰克，我在过去的两个月里几乎一直沉浸

(接上页)伍尔夫、塞林格、库切、奥齐克（Ozick）作品的方法。这种品质几乎不可能直接描述或说明——它主要呈现为一种氛围，一种考验鉴赏力的芬芳——而评论家们将其简化为"文体"问题的尝试几乎普遍缺乏说服力。

在陀思妥耶夫斯基的著作里。

陀思妥耶夫斯基是一位文学巨匠，这一评价在某些方面可能是个死亡之吻，因为它很容易让人将其视为又一位黄褐色调的"经典作家"，深受爱戴的死人。他的作品，还有它们所激发的和山一样高的批评文献，全都是大学图书馆的必购书目……而这些著作通常就堆在那里，泛着黄，散发出一股图书馆古旧书的味道，等待有人将其借去写学期论文。我想，达尔伯格说得很对。把一个人做成偶像就是把他变成一个抽象物，而抽象物无法与活人进行有活力的交流。①

** 但如果我下定决心去决定：我的生活有一种不那么自私、不那么孤独的不同意义，那做这个决定的原因会不会是我不想那么孤独，也就是说我想少受些全局性的苦？决定不那么自私，除了是个自私的决定外，这还能是别的吗？**

---

① 只消用一个学期时间试图教授一下大学文学，你就会意识到，对潜在的读者而言，扼杀一个作家活力的最快方法就是提前将其呈现为"伟大"或"经典"。因为这样一来，这位作者对学生而言就仿佛是药剂或蔬菜，是权威宣布"对他们好"的东西，而他们则"应该喜欢"，于是乎学生的锐气就会丧失，他们每个人都只是在完成批评和写论文的必要动作，没有一丝真实或切己相关的感受。这就像在试图点火前把房间里的氧气全都抽走。

而且陀思妥耶夫斯基书里的一些特点也确实陌生而又令人难堪。俄语出了名的难译成英语，如果再加上十九世纪文语的古板，陀思妥耶夫斯基的散文／对话往往会显得做作、冗赘且愚蠢。① 此外，陀思妥耶夫斯基的人物所身处

196

---

① ……尤其是在康斯坦丝·加内特女士那维多利亚腔的译文里。她在二十世纪三四十年代垄断了陀思妥耶夫斯基与托尔斯泰的翻译市场。我们在她一九三五年翻译的《白痴》里能读到这样的内容（几乎是随机扫到的）：

"Nastasya Filippovna!" General Epanchin articulated reproachfully.

...."I am very glad I've met you here, Kolya," said Myshkin to him. "Can't you help me? I must be at Nastasya Filippovna's. I asked Ardelion Alexandrovitch to take me there, but you see he is asleep. Will you take me there, for I don't know the streets, nor the way?"

The phrase flattered and touched and greatly pleased General Ivolgin: he suddenly melted, instantly changed his tone, and went off into a long, enthusiastic explanation.

［参考耿济之的中译文：

"娜司泰谢·费里帕夫娜！"〈叶潘钦〉将军用责备的口气说。

"郭略，我在这里遇见了您，我很喜欢，"公爵对他说，"您能不能帮我的忙？我一定要到娜司泰谢·费里帕夫娜家里去一趟。我刚才求阿尔达里昂·阿历山大洛维奇带我去，但是他已睡熟了。请您送我去，因为我不认识街道，找不到路。"

这个句子讨好了〈伊伏尔金〉将军，打动了将军的心，使他从心眼里往外喜欢：他忽然动了情感，一下子改变语气，作起欢乐的、冗长的解释来了。］

而哪怕在理查德·佩维尔（Richard Pevear）和拉里莎·沃洛洪斯卡娅（Larissa Volokhonsky）广受好评的克诺夫社新译本中，散文（如在《罪与罚》中）往往也依旧诡异而古板：

（转下页）

的文化也很矫揉造作。打个比方，人要是被骂了，他们就会这般行事，比如"挥舞拳头"，或称对方为"恶棍"，或"扑向"

（接上页）

"Enough!" he said resolutely and solemnly. "Away with mirages, away with false fears, away with spectres!... There is life! Was I not alive just now? My life hasn't died with the old crone! May the Lord remember her in His kingdom and—enough, my dear, it's time to go! Now is the kingdom of reason and light and... and will and strength... and now we shall see! Now we shall cross swords!" he added presumptuously, as if addressing some dark force and challenging it.

[参考非琴的中译文："够了！"他毅然决然、十分激动地说，"滚开吧，幻影，滚开吧，心造的恐惧，滚开吧，幽灵！……生活是存在的！难道我现在不是在活着吗？我的生活还没有和老太婆一同死去！愿她在天国安息，——够了，老大娘，该安息了！现在是理智和光明的世界……也是意志和力量统治一切的时代……现在咱们瞧吧！现在咱们来较量较量吧！"他傲慢地加上一句，仿佛是对着某种黑暗的力量说话，向它提出挑战。]

呃……为什么不简单地说"仿佛在挑战某种黑暗的力量"？你就不能不对黑暗的力量说话，而是直接发出挑战吗？还是说在俄语原文里，有什么东西能让上面这句话不至于冗赘、生硬，和"'来吧！'她说。她对她的同伴讲道，并邀请她陪伴她"这样的句子一样，只是一般般的糟糕？

既然如此，为什么不承认在英语中它依然糟糕，然后放手去修正一下？还是说文学翻译家根本就不该干预原文的句法？但俄语是种屈折语——它用变格、变位，而非词序来表达语法——所以当译者在把陀思妥耶夫斯基的句子翻译成非屈折的英语时，就已经在干预句法了。很难理解为什么这些翻译非得弄得这么笨拙。

对方。① 说话者用的感叹号数量之多，如今只有在连环漫画里才能看到。社交礼仪似乎僵硬到了荒谬的地步——人们总是在彼此"拜访"，要么"被接待"，要么"不被接待"，哪怕被激怒的时候也照样遵守洛可可式的礼节惯例。② 每个人都有一个又长又难读的姓和教名——外加一个父称，有时还有个昵称，所以你近乎得记一张人名表。晦涩的军衔和官僚等级比比皆是；此外，还有呆板的、奇怪透顶的阶级区分，很难彻底把它们弄清楚，或是理解其中暗示的意思，尤其因为旧俄罗斯社会的经济现实是如此古怪（例如，即使拉斯柯尔尼科夫这样穷困潦倒的"前大学生"或地下人这样的失业官吏也能凑合着请个仆人）。

　　重点在于，这还不只是"一变经典就死"之类的问题：确

---

　　① "扑向"某人究竟是什么意思？这在陀氏每本小说里都会发生几十次。怎么说，"扑向"他们然后揍他们，还是吼他们？既然你在翻译，为什么不说出来？译按：作者此处之所以会有困惑，可能是因为此处使用的"fly at"既有攻击，也有辱骂的意思。

　　② 参见一个随机挑选的例子，选自佩维尔和沃洛洪斯卡娅那广受好评的克诺夫社《地下室手记》新译本：

　　"Mr. Ferfichkin, tomorrow you will give me satisfaction for your present words!" I said loudly, pompously addressing Ferfichkin.

　　"You mean a duel, sir? At your pleasure," the man answered.

　　［参考臧仲伦的中译文：

　　"费尔菲奇金先生，明天您必须对您刚才说的话给予我满意的答复！"我傲慢地向费尔菲奇金大声道。

　　"您说决斗？行啊。"他回答道。］

实有一些真实的、令人疏远的元素阻碍了我们欣赏陀思妥耶夫斯基,且必须予以应对——要么去好好了解所有不熟悉的东西,让它们不再那么让人困惑,要么安之若素(就好比我们对另一些十九世纪书中的种族主义／性别歧视元素安之若素一样),然后就不管三七二十一,继续面目狰狞地读下去。

但更重要的一点(诚然可能有些不言自明)是,有些艺术值得我们付出额外努力,以克服所有阻碍欣赏它的因素;而陀思妥耶夫斯基的书绝对值得这种努力。而这不仅仅是因为他高居西方正典之列——随你怎么说吧,反正这不是关键。因为有一个事实被经典化和课程作业所掩盖了,那就是陀思妥耶夫斯基不仅伟大——他还有趣。他的长篇小说几乎都有绝妙的情节,耸人听闻、错综复杂,又充满戏剧性。其中有谋杀和谋杀未遂和警察和失能家庭内斗和间谍,有硬汉和堕落美人和油腔滑调的骗子和让人虚脱的疾病和突如其来的遗产和温柔反派和阴谋诡计和娼妓。

当然,陀思妥耶夫斯基能把故事讲得妙趣横生这一点并不足以让他变得伟大。不然的话,朱迪丝·克兰茨[1]和约翰·格里沙姆[2]就会是伟大小说家,然而以纯粹商业价值

---

① 朱迪丝·克兰茨(1928-2019),美国畅销书作家,以描写时尚、奢靡与性爱的小说而闻名。——译注

② 约翰·格里沙姆(1955-),美国畅销书作家,以围绕美国司法系统展开的悬疑小说而闻名。——译注

以外的任何标准来看,这两位甚至都不能算很优秀的作家。让克兰茨、格里沙姆以及许多其他有讲故事天赋的人在艺术上不出色的主要原因是,他们没有任何塑造人物的天赋(或兴趣)——在他们那引人入胜的情节里活动的是一些粗陋、乏味、没有说服力的形象。(公平起见,也有些作家善于塑造复杂且高度真实的角色,但似乎不太会把这些角色插入一个可信、有趣的情节里。还有些人——通常是学院先锋派——似乎对情节和人物都不擅长／感兴趣,其著作的情节和吸引力完全取决于某些阳春白雪的元审美议程。)

　　陀思妥耶夫斯基笔下人物的特点在于他们是活的。我的意思不仅是他们成功地做到了真实、成熟或"完善"。一旦我们读到他们,他们中最优秀的那些就会永远活在我们心里。回顾一下骄傲而可悲的拉斯柯尔尼科夫、天真的杰武什金、《白痴》中美丽而悲惨的纳斯塔西娅①,以及同一部小说中谄媚的列别杰夫和蜘蛛般的伊波利特;《罪与罚》里

---

　　① (……她就像福克纳笔下的凯蒂一样,"命中注定[要做一个堕落的女人],她自己也知道"[译按:李文俊译文],而她的英雄气概在于她傲慢地蔑视她自己招致的厄运。陀氏似乎是第一个明白有些人对自己的痛苦爱得有多深,明白他们会如何利用它、依赖它的小说家。尼采会采纳陀思妥耶夫斯基的见解,并将其用作自己对基督教进行猛攻的一块基石,而这一点颇有讽刺意味:在我们自己的"开明无神论"文化中,我们在很大程度上都是尼采的孩子,是他的意识形态继承人;与此同时没有陀思妥耶夫斯基就不会有尼采,而陀思妥耶夫斯基又是所有作家中最笃信宗教的人之一。)

别出心裁、特立独行的侦查员波尔菲里·彼得罗维奇（若没有他，或许就不会有那些包含古怪奇人警探角色的商业犯罪小说）；可憎又可怜的酒鬼马尔梅拉多夫；抑或《赌徒》中虚荣而高贵的轮盘赌成瘾者阿列克谢·伊万诺维奇；有金子般心灵的妓女索尼娅和丽莎；犬儒中透出纯真的阿格拉娅；抑或恶心到难以置信的斯梅尔佳科夫，这虚伪积怨的活引擎，而我自己则能在他身上看到自己内心某些让我难以直视的部分；抑或理想化而又过于人性化的梅什金和阿廖沙，前者是注定失败的人类基督，后者则是高奏凯歌的儿童朝圣者。他们，还有其他许许多多陀氏笔下人物都是活的——有着弗兰克所说的"巨大生命力"[1]——并非因为他们只是被熟练描摹的人类典型或剖面，而是因为，通过在可信的，且在道德上让人不得不接受的情节中行动，他们以戏剧化的方式呈现了所有人内心最深刻的部分，最矛盾、最严肃的部分，也就是那些至关重要的部分。此外，陀思妥耶夫斯基的人物在始终饱满、鲜活的前提下，仍设法体现出一整套人生的意识形态和哲学：拉斯柯尔尼科夫体现了十九世纪六十年代知识阶层的理性利己主义，梅什金体现了神秘的基督教之爱，地下人体现了欧洲实证主义对俄罗斯性格

₁₉₉

---

[1] 《自由的苏醒》，页 315，中译本页 447。——译注

的影响,伊波利特体现了个体意志对死亡必然性的怒火,阿列克谢则是斯拉夫派的骄傲在面对欧洲颓废堕落时的倒错,等等,等等。

此处的要旨在于,陀思妥耶夫斯基写的小说是关于真正重要的事情。他写的小说关于身份、道德价值、死亡、意志、性之爱对抗精神之爱、贪婪、自由、迷恋、理性、信仰、自杀。他并没有把自己的人物变成传声筒,也没有把他的书变成政治小册子。他关心的始终是人之为人意味着什么——也就是说,如何做一个真正的人,一个其生活体现价值观和原则的人,而不仅仅是一种特别精明的自保动物。

　　有没有可能真正地爱其他人? 如果我孤独、痛苦,那我以外的每个人都是潜在的救济——我需要他们。但你真的能爱你如此需要的东西吗? 爱的一个重要部分不是更关心对方的需要吗? 我怎么才能让我自己压倒性的需求服从于别人的需求,而我甚至都不能直接感受到这种需求? 然而,如果我做不到这一点,我就注定会孤独,这是我绝对不想要的……所以我又开始试图为一些利己的原因而克服自己的自私。有什么摆脱这种束缚的办法吗?

大家都知道一件颇为讽刺的事：陀思妥耶夫斯基的作品以其同情心和道德上的严厉而著称，但在现实生活中，他在很多方面是个极品——虚荣、傲慢、恶毒、自私。他有赌瘾，时常身无分文，总是在哀怨自己穷，还总是因各种急事向自己的朋友和同行借钱，而且很少归还，会为钱的事心怀琐碎、长久的怨恨，还做出了一些诸如为了能赌博而当掉自己体弱妻子冬衣之类的事情。[①]

但同样广为人知的是，陀思妥耶夫斯基自己的人生也充满令人难以置信的苦难、戏剧性事件、悲剧故事和英雄气概。陀思妥耶夫斯基在莫斯科度过的童年显然过于悲戚，以至于他在自己的书里从未把任何情节设定在莫斯科，甚至都没提及过任何发生在莫斯科的情节。[②] 陀氏十七岁

---

① 弗兰克没有对任何此类行径进行美化，但从他的传记中我们了解到，陀思妥耶夫斯基的性格其实更多是矛盾，而非单纯讨人厌。尽管对自己的文学声誉有着让人无法忍受的虚荣心，他同时也被自己眼里的艺术缺陷折磨了一辈子；他是个大手大脚的吸血鬼，却也自愿为他的继子，为他亡兄那些令人讨厌、忘恩负义的家人，为他和哥哥共同编辑的著名文学期刊《时世》遗留的债务承担财务责任。弗兰克最新出版的第四卷表明，迫使陀氏夫妇流亡欧洲，以免落入债务人监狱的，并非一般意义上的赖账行径，而是这些光彩的债务，而陀思妥耶夫斯基的赌博狂热正是在欧洲的那些矿泉疗养地才走向失控的。

② 有时这种过敏实在显得突兀，比如在《白痴》第二部开头，梅什金公爵（主人公）离开圣彼得堡在莫斯科待了整整六个月，叙事者却说，"公爵在莫斯科以及在离开彼得堡期间的其他经历［……］，我们所能奉告的实在太少了"，尽管他对发生在圣彼得堡以外的其他各类事件都有所耳闻。弗兰克对陀氏的"恐莫症"并未多说什么；很难弄清楚这到底是怎么回事。

时,他那疏远而神经衰弱的父亲被自己的农奴杀害。七年后,他的第一部小说出版①,再加上别林斯基和赫尔岑等评论家的认可,使他成了文学明星,与此同时,他开始与彼得拉舍夫斯基小组来往,这是一个革命知识分子团体,他们密谋煽动农民起义对抗沙皇。一八四九年,陀思妥耶夫斯基作为密谋者被逮捕、定罪,随后被判处死刑,并经历了著名的"彼得拉舍夫斯基党人假处决"——各位密谋者被蒙上眼睛,绑上木桩,仪式一路进行到呼喊行刑队"瞄准!"的阶段,然后皇家信使飞奔而来,宣读仁慈沙皇所谓在"最后一刻"赐予的赦免。癫痫患者陀思妥耶夫斯基的判决被缩减为徒刑,他最终在四季如春的西伯利亚度过十年,于一八五九年回到圣彼得堡,并发现俄罗斯文学界已经把他完全遗忘。然后他的妻子缓慢而骇人地死去;然后不遗余力支持他的哥哥死了;然后他们的《时世》杂志倒闭了;然后他的癫痫病变得愈发严重,以至于他始终担心自己会因癫痫发作而死亡或发疯。② 陀思妥耶夫斯基雇了一位二十二岁的速记员帮他及时完成

201

---

① 即《穷人》,一部标准的"社会小说",通过将一个(颇为愚蠢的)爱情故事设定在对都市贫困的各种相当可怕的描绘框架中,从而诱得社会主义左派的认可。

② 诚然,在弗兰克的传记中,对陀氏癫痫——包括他癫痫发作前某些先兆所带来的神秘幻觉——的讨论相对较少;像《泰晤士报》的詹姆斯·L. 赖斯(他本人也写过一本关于陀思妥耶夫斯基和癫痫的书)这样的书评人(转下页)

《赌徒》以满足一位出版商，因为与他签订了一份疯狂的"在某个日期前交稿不然就罚你放弃所写过一切的全部版税"的合同，六个月后陀思妥耶夫斯基与这位女士结婚，刚好赶上与她一起躲避《时世》的各位债主，然后闷闷不乐地浪迹欧洲（它对俄罗斯的影响为作家所鄙夷）[①]，有了一个心爱的女儿，然后几乎立刻死于肺炎，不断写作，身无分文，经常在让人吓得牙齿打战的癫痫大发作后陷入临床意义上的抑郁，周期性躁狂地大玩一把轮盘赌，然后被自我憎恶的情绪所碾压。借助陀思妥耶夫斯基年轻的新任妻子安娜·

202

(接上页)抱怨说，弗兰克"没有说明这种病如何长期影响了"陀思妥耶夫斯基的宗教理想及其在小说中的表现。不过，比例问题是把双刃剑：参见《纽约时报书评》的简·帕克，他在评论弗兰克的第三卷时，至少把三分之一的篇幅用来发出"在我看来，陀思妥耶夫斯基的行为的确完全符合美国精神医学学会诊断手册中所规定的病态赌博诊断标准"之类的声明上。诸如此类的书评都有助于我们欣赏约瑟夫·弗兰克本人那不偏不倚、不带私货的写作。

① 我们不要忽视弗兰克的第四卷提供了一些很好的个人污点。例如，关于陀思妥耶夫斯基对欧洲的仇恨，我们了解到，一八六七年他与屠格涅夫的那场著名争吵，表面上是由于屠格涅夫在书里抨击俄罗斯并移居德国，这冒犯了陀思妥耶夫斯基激情洋溢的民族主义，但还有一个诱因是陀氏之前向屠格涅夫借了五十塔勒，并承诺立即归还，结果一直拖着没还。弗兰克过于克制，没有做出这个明显的结论：如果你能对某人产生怨恨，那么容忍自己欠他钱不还就会轻松得多。

斯尼特金娜①的日记,弗兰克的第四卷讲述了陀思妥耶夫斯基在欧洲的诸多患难困苦。安娜作为配偶的耐心和仁爱大可以让她成为如今那些依赖共生(codependency)②群体的主保圣徒。③

　　**什么是"美国人"?我们作为美国人是否有某些重要的共同点,抑或只不过我们都碰巧生活在相同的国境内,所以必须遵守相同的法律?美国究竟与其他

---

　　① 还有一项利好:弗兰克的书中充满了奇妙且／或有趣的饶舌名字——斯尼特金娜、杜博廖波夫[译按:原文如此,盖彼更饶舌的杜勃罗留波夫之误]、斯特拉霍夫、戈卢博夫、冯·赫赫特、卡特科夫、涅克拉索夫、皮萨列夫。读者可以明白,像果戈理和陀氏这样的俄罗斯作家何以将别有深意的人名做成一种艺术。

　　② 亦作"拖累症""互累症"等,指一种病态的相互依存关系,其中一方往往社会功能缺失(如酗酒、药物成瘾等),对自己极度不负责任,另一方则通过提供强制性照顾来满足自己的精神需求,抑或自己陷入负面情感中无法自拔。——译注

　　③ 她日记中的一个随机例子:"可怜的费佳呀,发作过后他长时间备受折磨,——总是那样阴郁,怒气冲冲的,看什么都来气,因为一点点小事便暴跳如雷……这也没什么,因为别的日子很好,在别的日子里他很善良,对我很好。而且我看到,他喊,他骂,但完全不是出自恶意,而是病态。"弗兰克引用并评论了一长段类似内容,但他几乎没有意识到陀思妥耶夫斯基的婚姻在某种程度上相当病态,至少以二十世纪九十年代的标准来看如此——例如,"无论非凡的自制力使安娜付出了多大代价,(至少在她看来)陀思妥耶夫斯基的无限感激和日益增强的依恋感使她的容忍得到充分的回报"。译按:日记中译文出自陀思妥耶夫斯卡娅,《一八六七年日记》,谷兴亚译(桂林:广西师范大学出版社,2013),页270;弗兰克的评论出自《非凡的年代》,页206,中译本页285。

国家有什么不同？它真有什么独特之处吗？这种独特性意味着什么？我们经常谈论我们的各种特殊权利和自由，但作为一个美国人，是否也有几分特殊的责任？如果的确如此，那又是对谁的责任？[**]

弗兰克的传记确实详细记载了所有这些个人事件，而且他没有试图淡化或粉饰那些不愉快的部分。[①] 但弗兰克的工程要求他始终努力将陀思妥耶夫斯基的个人和心理生活与他的著作以及其中的各种意识形态联系起来。从各方面看，陀思妥耶夫斯基始终是一位意识形态作家[②]，这一事实使他尤为适应约瑟夫·弗兰克的那种探求背景的传记写

---

① 如参见陀思妥耶夫斯基对交际花阿波利纳里娅·苏斯洛娃的灾难性情欲，或者他为了给自己的大赌特赌正名而表演的精神扭转……或者那个由弗兰克用文献充分证实的事实，即陀氏确实是彼得拉舍夫斯基小组的一名活跃分子，且根据当时的法律，他可能确应被逮捕，这反驳了其他许多试图声称陀思妥耶夫斯基只是在错误的时间碰巧被朋友拉去参加错误激进聚会的传记作者。

② 如果还没说明白的话，此处"意识形态"一词是在其严格、未简化的意义上使用的，指任何有组织的、深刻抱持的信仰和价值观体系。诚然，按照这种定义，托尔斯泰、雨果、左拉和其他多数十九世纪文学巨匠也都是意识形态作家。但陀思妥耶夫斯基在塑造人物，以及描绘人与人之间和人内心的深刻冲突方面都有着巨大天赋，而这种天赋的一个重要结果就是让他能够将极其沉重、严肃的主题予以戏剧化呈现，丝毫不带说教或简化，也就是说，完全不会不顾道德／精神冲突之困难，抑或让人以为"善"或"救赎"会比实际来得轻巧。只须比较一下托尔斯泰的《伊万·伊里奇之死》和陀氏《罪与罚》中两位主人公最后的皈依，你就会赏识陀思妥耶夫斯基坚持道德却不说教的能力。

作方法。现有的四卷《陀思妥耶夫斯基》表明，从意识形态角度来看，陀氏一生中最关键的转折性事件是一八四九年十二月二十二日的假处决——在这五或十分钟的时间里，这位软弱、神经质、自我陶醉的年轻作家相信自己即将死去。这让陀思妥耶夫斯基内心产生一种皈依体验，尽管它变得很复杂，因为此后贯穿其创作的那些基督教信念并不隶属任何一个教会或传统，而且它们还与一种神秘的俄罗斯民族主义、一种政治保守主义①捆绑在一起，后两者导致下个世纪的苏联人查禁或歪曲了陀思妥耶夫斯基的多数作品。②

---

① 这是弗兰克出色处理的另一个主题，尤其在第三卷论述《死屋手记》的那章里。陀氏放弃了他二十岁时信奉的时髦的社会主义，部分原因是他与俄罗斯社会那些彻头彻尾的渣滓一起坐了几年牢。在西伯利亚，他意识到俄罗斯的农民和城市贫民其实很厌恶那些过着舒适生活、想"解放"他们的上层知识分子，他还意识到这种厌恶实际上是颇有正当理由的。（若想了解陀思妥耶夫斯基的这种政治反讽该如何转化为当代美国文化，可以尝试同时阅读《死屋手记》和汤姆·沃尔夫〔Tom Wolfe〕的《矛矛党人的枪炮手》〔"Mau-Mauing the Flak Catchers"〕。）

② 巴赫金著名的《陀思妥耶夫斯基诗学问题》在斯大林年代出版，他不得不在其中严重淡化陀氏与笔下人物的意识形态关联，政治形势是驱使他这么做的原因之一。巴赫金赞赏陀思妥耶夫斯基的"复调"人物塑造和"对话想象"，后者据信能让作家不把自己的价值观注入其小说——当一名苏联批评家试图论述某位国家希望读者遗忘其"反动"观点的作者时，这在很大程度上就会是自然结果。弗兰克在许多地方批评了巴赫金，但他并未真正点明巴赫金受到的诸多限制。

** 耶稣基督这家伙的生平有没有什么可以教育我的东西，即使我不相信或不能相信他神圣？我应该如何看待这样的说法：一个是上帝的亲戚，所以大可以只用一句话就能把十字架变成一个花盆啊什么的人，却依然自愿让他们把自己钉在上面，然后死去？即使我们料想他神圣，他知道吗？他知道他只要说一句话就能打碎十字架吗？他事先知道死亡只是暂时的吗（因为我敢打赌，如若我知道受六个小时苦的另一头是应得的永恒极乐，我也会爬上去的）？但这一切真的重要吗？哪怕我不相信耶稣基督或穆罕默德或别的谁真是上帝的亲属，我还能信仰他们吗？但"信仰"又到底是什么意思？**

205

最重要的一点似乎是，陀思妥耶夫斯基的濒死体验把一个虚荣、时髦的典型年轻作家——诚然是个很有才华的作家，但他关注的基本仍只是自己的文学荣誉——变成了一个深信道德／精神价值的人……①且还是一个相信没有

———————

① 陀氏的那些确切信仰是特立独行且复杂的，这一点并不奇怪，而约瑟夫·弗兰克则彻底、清晰、详细地解释了它们如何透过各部小说的主题演变（比如《地下室手记》和《罪与罚》中利己主义无神论对俄罗斯角色的毒害；《赌徒》中俄罗斯式的激情被世故的欧洲所扭曲；而《白痴》中的梅什金（转下页）

道德／精神价值的生活不仅不完整,而且堕落的人。①

(接上页)和《卡拉马佐夫兄弟》中的佐西马虽被暗示是人身基督,但依旧完全
受自然力制约,而这是陀思妥耶夫斯基一八六七年在巴塞尔博物馆观小霍尔
拜因的《墓中死去的基督》后写下的所有小说中的一个核心理念)。

但弗兰克在此真正做出的现象级成就是提炼了由陀氏生成的,以及
关于陀氏的大量档案材料,使其变得全面,而非仅仅挑选其中一部分来支
持某个特定的批评论点。在第三卷末尾某处,弗兰克甚至设法找到并注
释了《社会主义与基督教》中一些晦涩的作者脚注,这是一篇陀思妥耶夫
斯基从未完成的文章,有助于澄清为什么他被一些批评家视为存在主义
的先驱。

"基督道成肉身……为人类提供了一种自那时起经久不衰的新的理想。
注意,没有任何质疑基督的神圣血统的无神论者否认他是人类的理想这一事
实。这方面的最新例证是——勒南。这是非常引人注目的事情。"而这种新理
想的准则,按照陀思妥耶夫斯基的说法,包括"返璞归真,回归大众,但完全是
自由的……不是强迫,而是相反,以最大限度的自觉和自愿。显然,这种高度
的自愿同时意味着在很大程度上放弃自己的意志"。译按:见《自由的苏醒》,
页372,中译本页526-527。

① 成熟的、后皈依时期的陀思妥耶夫斯基尤其视虚无主义者为敌,他
们是十九世纪四十年代雅皮社会主义者的激进后代,他们的名号的出处正
是我们开头引用的屠格涅夫《父与子》里的那段否定一切的话。但真正的战
斗更宽泛,也深刻得多。约瑟夫·弗兰克第四卷的卷首题词来自科瓦科夫
斯基(译按:通译科拉科夫斯基)的经典著作《接受无穷拷问的现代性》,这
并非偶然巧合,因为陀思妥耶夫斯基弃绝功利的社会主义而选择特立独行
的道德保守主义这一点,差不多就像康德在近一个世纪前从"独断论的迷
梦"中醒来,转入激进的虔敬派义务论。"他反对启蒙运动的大众功利主义:
这不是特定的道德准则岌岌可危的问题,而是善与恶之间是否存在区别的
问题,所以,这也是一个事关人类命运的问题。"译按:见《非凡的年代》,
页2,中译本卷首题词页。

陀思妥耶夫斯基之所以对美国读者和作家而言弥足珍贵，一个重要的原因是，他似乎拥有一定程度的激情、信念，也很关心深刻的道德问题，而此时此地的我们①做不到或不允许自己这样做。约瑟夫·弗兰克做了一件令人钦佩的工作，即追踪使这种关心成为可能的各种因素——陀氏自己的信仰和才能，他那个时代的意识形态和美学氛围等——之间的相互作用。不过，我认为任何严肃的美国读者／作家在读完弗兰克的这些书后，都会发现自己被驱使去认真思考，究竟是什么让我们自己所处时空中的诸多小说家会在主题上显得如此肤浅、轻浮，而在道德上又显得如此贫乏——无论是比起果戈理或陀思妥耶夫斯基，甚或莱蒙托夫和屠格涅夫这样的次要人物。弗兰克的传记促使我们问自己，为什么我们像是在要求我们的艺术与那些深刻信念或绝望问题保持一段反讽性的距离，以至于当代作家们只能要么拿它们开玩笑，要么试图在一些形式技巧——如互文引用或不协调并置——的掩护下把它们写进书里，与此同时把真正紧迫的东西扔给星号，作为某种多元陌生化动听辞藻或类似狗屁的一部分。

我们自己的文学何以在主题上贫困，部分解释显然

---

① （或许是在我们自己的那一类虚无主义者的咒语之下）

包括我们的时代与处境。那些往昔忠厚的现代主义者的一项成就，就是将美学提到了伦理学——甚至是形而上学——的地位，而乔伊斯之后的严肃小说能被人重视或研究，往往是因其形式上的灵巧、独创。现代主义的这种遗产让如今的我们理所当然地认定，"严肃"文学要在美学上与现实生活保持距离。再加上后现代主义[①]和文学理论强加了对文本自我意识的要求，也许这么说是公道的：陀思妥耶夫斯基等人未受某些文化期待的影响，而这种期待严重制约了我们自己的小说家"严肃"写作的能力。

但弗兰克也公道地指出，陀思妥耶夫斯基的创作同样处在他自己的文化约束之下：严酷的政府、国家审查，尤其还有后启蒙时代欧洲思想的流行，这种思想中有很多元素都直接违背了那些他珍视且渴望书写的信仰。对我来说，陀思妥耶夫斯基真正吸引、鼓舞人心之处不仅在于他是个天才，他还勇敢。他一直都在担忧自己的文学声誉，但他也一直都在宣扬自己所相信的不合时宜的事物。他这么做靠的不是无视（如今又被称作"超越"或"颠覆"）自己写作时所处的不友好文化环境，而是与它们对质、作战，直言不讳，指名道姓。

---

① （管它到底是什么）

其实我们的文学文化算不上虚无主义,至少不像屠格涅夫笔下的巴扎罗夫那般激进。因为有一些我们认为不好的倾向,有一些我们讨厌、害怕的品质。其中包括感伤、天真、古板、狂热。把我们自己如今的艺术文化称作天生怀疑主义的文化可能会更好。我们的知识阶层①不信任强烈的信仰和公开的信念。物质上的激情是一回事,但意识形态208上的激情在某种更深的层面上让我们厌恶。我们以为意识形态现在是各种"特殊利益团体"(SIG)和"政治行动委员会"(PAC)的天下,它们彼此仇视,都想分到一块自己的绿色大馅饼……而环顾四周,我们发现确实如此。但弗兰克的陀思妥耶夫斯基会指出(或更有可能跳上跳下,握着拳头,扑向我们喊道),如果果真如此,那至少部分是因为我们放弃了这个领域。我们把它让给了原教旨主义者,他们那无情的顽固和对评判他人的渴望都表明,他们对自己要强加给别人的"基督教价值观"一无所知。让给了右翼民兵和阴谋论者,他们对政府抱持各种偏执想法,实则大大高估了政府的效率和组织程度。而在学术和艺术界,则是让给了越来越荒唐、独断的政治正确运动,它只迷恋的修辞和话语的形式,充分表明我们最优秀的自由派本能已变得何等

---

① (鉴于这篇评论的发表地,这个词基本就是指我们)

衰朽和审美化,何等脱离真正重要的事物——动机、感受、信仰。

最后请看《白痴》中伊波利特那篇著名的"必要的解释"中的一个小片段:

> "谁否定个别的'施舍',"我开始说道,"谁就是否定人的天性,蔑视人的个人尊严。但是实行'社会救济'和个人自由问题是两个不同的问题,它们并不相互排斥。个别的善将永存,因为它是个人的一种需要,是一个人直接影响另一个人的实际需要……您怎么知道,巴赫穆托夫,一个人与另一个人的沟通会对被沟通的人的命运起什么样的作用?"

你们能想象我们自己的任何一位重要小说家让某个笔下人物说这样的话吗(注意,不是作为虚伪的夸夸其谈,以便某位毒舌主人公可以一针把它戳破,而是作为某人试图决定要不要自杀的十页独白的一部分)?你们不能想象的原因也就是他不会这么写的原因:这样的小说家在我们看来自负、夸张而愚蠢。在如今的严肃小说里直截了当地呈现这样一场演讲,引起的不会是愤怒或咒骂,而是更糟——只会让人抬抬眉毛,冷冷一笑。或许,如果这位小说家当真

209

重要,他会在《纽约客》上受到一番干涩的嘲讽。小说家会被认为荒诞不经而遭无视(这是我们这个时代能想到的最真实的地狱)。

所以他——也就是我们,小说家们——不会(也不能)有勇气去尝试用严肃艺术来推动意识形态。[1] 这个项目会像梅纳尔的《吉诃德》[2]一样。人们要么嘲笑我们,要么为我们感到尴尬。有鉴于此(这也是既定事实),我们的严肃小说不严肃该归咎于谁?是文化,还是那些嘲笑者?但如果一部道德有激情、激情讲道德的小说也是一部别出心裁、充满人味的小说,他们就不会(不能)嘲笑了。但如何写出一部这样的作品?对于一名如今的作家,哪怕如今有才华的作家而言,该如何鼓起勇气,好歹去尝试一下?没有任何公式或承诺。然而有一些模范。弗兰克的书就把其中之一呈现得具体、生动,且极富指导意义。

大卫·福斯特·华莱士

一九九六年

---

[1] 我们当然会毫不犹豫地用艺术来戏拟、嘲笑、驳斥或批评意识形态,但这是很不一样的。

[2] 典出博尔赫斯的短篇小说《〈吉诃德〉的作者皮埃尔·梅纳尔》。——译注

致　谢

特此感谢斯坦福大学斯拉夫语言和文学系;感谢 211安妮·萨瓦雷塞(Anne Savarese)、艾伦·福斯(Ellen Foos)和普林斯顿大学出版社的整个编辑团队;感谢弗兰克·格鲁伯(Fank Gruber);感谢罗宾·F. 米勒(Robin F. Miller)精辟的前言;感谢邦尼·纳德尔(Bonnie Nadell,希尔·纳德尔文学代理)准允我们收录大卫·福斯特·华莱士的文章。

索　引

（索引页码为原书页码，即本书边码）

children 孩子,128,144,180

Christ 基督,xiv,205n26;and Belinsky(～与别林斯基),49;in *The Brothers Karamazov*(《卡拉马佐夫兄弟》中的～),158,160, 166,171,176,179,180,181;and Church(～与教会),175; divinity of(～的神性),66;as eternal ideal(～作为永恒理想), 134;and FD's mock execution(～与陀氏的假处决),52,71, 133;and Feuerbach(～与费尔巴哈),50;free choice of(～的自由选择),180,181;and future,heavenly life(～与未来、天上的生命),136;and *The Idiot*(～与《白痴》),125,127,128,129, 130,137,140,142,177,198;imitation of(模仿～),134;and immortality(～与不朽),52;and individuality(～与个体特征), 137;kenotic(虚己主义～),131,151;and love(～与爱),71, 133-134,138,139,141;as moral illumination(～作为道德启迪),130;morality of(～的道德),66;and Niebuhr(～与尼布尔),135;and *Notes from Underground*(～与《地下室手记》),92; and peasants(～与农民),170;and Petrashevsky Circle(～与彼得拉舍夫斯基小组),46;in *Poor Folk*(《穷人》中的～),23; resurrection of(～的复活),150;salvation from(～的救赎),181; and Satan(～与撒旦),159,172,179;second coming of(～的再临),56,158;self-sacrifice of(～的自我牺牲),138;and spiritual nature(～与精神实质),134;suffering of(～的苦难),56,131, 140;supernatural existence of(～的超自然存在),49,66;and

Orthodox tradition

city life　城市生活,12,17,20,21,102

classes　阶级, 15, 46, 59-61;**另见** aristocracy ／ nobility; bureaucracy ／ civil servants; lower classes; peasants; poor people; serfdom; upper class; wealthy people

comedy　喜剧,12;and *The Double*(～与《分身》),29-30,31,41, 53;in Gogol(果戈理笔下的 ～),17,41;in *The Idiot*(《白痴》中的 ～),149;and *Notes from Underground*(～与《地下室手记》), 95,96,97;in *Poor Folk*(《穷人》中的 ～),16

common sense　常识,57,95,98,171

Communists　共产主义者,52

compassion　同情,199;and *Crime and Punishment*(～与《罪与罚》),118;in Gogol(果戈理笔下的 ～),13;and *The House of the Dead*(～与《死屋手记》),61;in *The Idiot*(《白痴》中的 ～), 128,137,146,148,149,152;and *Notes from Underground*(～与《地下室手记》),97;in *Poor Folk*(《穷人》中的 ～),10,21, 61;**另见** love;pity

conscience：in *The Brothers Karamazov*　良心、良知:《卡拉马佐夫兄弟》中的 ～,164;and *Crime and Punishment*(～与《罪与罚》), 103,113,120,122;in *The Idiot*(《白痴》中的 ～),137,149; and *Notes from Underground*(～与《地下室手记》),88;in *Poor Folk*(《穷人》中的 ～),18;revolt against (反抗 ～),103;and

Russian culture(～与俄罗斯文化),42;**另见** faith

consciousness：and *Crime and Punishment*　意识：～与《罪与罚》,
xiii,114,123;and *The Double*(～与《分身》),37,40,42-43;
and epistolary form(～与书信体形式),15;in *The Idiot*(《白痴》
中的～),133;and narrative technique(～与叙事手法),68;and
Notes from Underground(～与《地下室手记》),86-87,89,92,
98;**另见** madness;self-consciousness

Coppelia(ballet)　《葛蓓莉亚》(芭蕾),32 n2

corruption　腐败,13,17,37,43,63,96

courts　法庭,77,157,171-72;**另见** law

crime：and Church　罪、犯罪：～与教堂,175;and *Crime and
Punishment*(～与《罪与罚》),64,108,116,117,119,122,
127;and *The House of the Dead*(～与《死屋手记》),61,62;and
The Idiot ～(与《白痴》),127,146,148,152;in Turgenev(屠格
涅夫笔下的～),108

Crime and Punishment (Dostoevsky)　《罪与罚》(陀思妥耶夫斯
基),xix,48,55,63-64,75,100-105,107,125,126,176,
191,198,203 n23,205 n26;altruism in(～中的利他主义),
104-105,108,109,113,115,116,117,119-120,122,127;
coming-to-consciousness in(～中的意识觉醒〔逐渐认识到〕),
xiii,114;crime in(～中的罪),64,108,116,117,119,122,
127;egoism in(～中的利己主义),109,119,122,127;great

Dostoevsky of December 22,1849（1849 年 12 月 22 日给米哈伊尔·陀思妥耶夫斯基的信），53，54，55-56；letter to S. A. Ivanova of January 1868（1868 年 1 月给索·亚·伊万诺娃的信），129；letter to N. N. Strakhov 给尼·尼·斯特拉霍夫的信，6 n2；letter to Ivan Turgenev（给伊万·屠格涅夫的信），110-111；"A Little Hero,"《小英雄》51；notebook entry of April 16,1864（1864 年 4 月 16 日的笔记），132-137；notebooks of（~ 的笔记本），113-114，128，129；"The Peasant Marey"（《农夫马列伊》），70-71；*The Possessed*（《群魔》），ix；preface to "Three Stories by Edgar Poe"（《刊出〈埃德加·坡的三篇小说〉的前言》）33 n3；Pushkin Speech（普希金演讲），189；*A Raw Youth*（*The Adolescent*）（《少年》），153，154-157，158；"Socialism and Christianity"（《社会主义与基督教》），205n26；translation of Balzac's *Eugenie Grandet*（翻译巴尔扎克的《欧也妮·葛朗台》），9，101n1；*Uncle's Dream*（《舅舅的梦》），101；*Winter Notes on Summer Impressions*（《冬天记的夏天印象》），xii，80-83；**另见** *The Brothers Karamazov*（Dostoevsky）；*Crime and Punishment*（Dostoevsky）；*The Double*（Dostoevsky）；*The House of the Dead*（Dostoevsky）；*The Idiot*（Dostoevsky）；*Notes from Underground*（Dostoevsky）；*Poor Folk*（Dostoevsky）

Dostoevsky, Mikhail　陀思妥耶夫斯基，米哈伊尔，6，72，84，200n15，201；FD's letters to（陀氏给 ~ 的信），53，54，55-56，

morality(~与道德),155;and *A Raw Youth*(~与《少年》),155

fantastic 奇幻,32,33

fantastic realism 奇幻现实主义,28-29

fantasy 幻想,35,96

fathers 父辈,161-162

fathers and sons 父(辈)与子(辈),154-157,172

Faulkner,William 福克纳,威廉,198n14

Faust 浮士德,xi;**另见** Goethe,Johann Wolfgang von,*Faust*

Fedotov, G. P. : *The Russian Religious Mind* 费多托夫,格·彼:
《俄罗斯的宗教心》,131

Feuerbach, Ludwig 费尔巴哈,路德维希,7,78;*The Essence of Christianity*(《基督教的本质》),49-50

Flaubert, Gustave 福楼拜,古斯塔夫,ix

forgiveness 宽恕,xiv,56,88,151,181

Fourier, Charles 傅立叶,夏尔,7,46,51,177

Frank, Joseph 弗兰克,约瑟夫,187-209;and biography(~与传
记),190,193-194;birth of(~出生),viii;at Bureau of National
Affairs(~在国家事务局),xix;career of(~的职业生涯),viii-ix,
xix,xxi-xxiii; and criticism(~ 与批评),191-193;as cultural
historian(~作为文化史学家),190;education of(~的教育),
viii;and Fulbright fellowship(~ 与富布赖特奖学金),xxi;and
Gauss Seminars in Criticism(~ 与高斯批评研讨班),xvi,xxii,

Christian socialism（～与基督教社会主义），48，49；and Church
（～与教会），175；and *Crime and Punishment*（～与《罪与罚》），
109，112，113，117，120，122；earthly（尘世之～），144；and
egoism（～与利己主义），137，138，140-141；and *eros*（～与厄洛
斯），137，139，151-152；and faith（～与信仰），164；and God
（～与上帝），138-139，180；in *The Idiot*（《白痴》中的～），128，
137，142，144，148，151-152，199；and justice（～与正义），
112；and *Notes from Underground*（～与《地下室手记》），75，94，
96，97，98；and Petrashevsky Circle（～与彼得拉舍夫斯基小组），
46；and Plato（～与柏拉图），137-138；in *Poor Folk*（《穷人》中的
～），16；selfish（自私之～），138；sensual（感官之～），174；
sexual（性之～），137，139，140-141，151-152；and state（～与
国家），175；in Turgenev（屠格涅夫笔下的～），113；and worth
（～与价值），138，139；**另见** altruism ／ humanitarianism；
charity；compassion

lower classes：in Gogol 下层阶级：果戈理笔下的～，12，13；and
 Petrashevsky Circle（～与彼得拉舍夫斯基小组），46；in *Poor Folk*
 （《穷人》中的～），16，23；and Pushkin（～与普希金），11-12；
 另见 peasants；poor people

madness 疯狂、疯癫，31，39，44，68；**另见** consciousness
Malraux，André 马尔罗，安德烈，ix

176; and *Crime and Punishment*（～与《罪与罚》）,113,115,
116,121,123; and great man（～与伟人）,103-104; and *The
House of the Dead*（～与《死屋手记》）,61,63; in *The Idiot*（《白
痴》中的～）,148; and Pisarev（～与皮萨列夫）,107

mystery 神秘、奥秘,1; in *The Brothers Karamazov*（《卡拉马佐夫兄
弟》中的～）,168,170-171,178,179; in *Crime and Punishment*
（《罪与罚》中的～）,xiii,114; in Hoffmann（霍夫曼笔下的～）,
32; of immortality（不朽的～）,136

mystery plot 神秘情节,102

Nabokov, Vladimir 纳博科夫,弗拉基米尔,120; *Lectures on
Literature*（《文学讲稿》）,xv-xvi; *Lectures on Russian Literature*（《俄
罗斯文学讲稿》）,xv-xvi

Napoleon Ⅰ 拿破仑一世,103,104,108n5,115,116,122,
144-145

narrator 叙事者,xiii,12,13,15,37,68,69,80,105

Natural School 自然派,16,21,25

nature 自然,116,159; law of（～法则）,87,88,90,91,93,
110,134,136,165,166

Nekrasov, Nikolay 涅克拉索夫,尼古拉,14,94,95,97

New Criticism 新批评,191n7

New School for Social Research 社会研究新学院,viii

与陀氏父亲遇害),48;and Petrashevsky Circle(~ 与彼得拉舍夫斯基小组),200;and radicals(~ 与激进派),170;and *A Raw Youth*(~ 与《少年》),156;and religion(~ 与宗教),61;and revolution(~ 与革命),58,76;and Turgenev(~ 与屠格涅夫),106-107;**另见** lower classes;serfdom

Peter and Paul Fortress,St. Petersburg　彼得保罗要塞,圣彼得堡,**见下文** St. Petersburg

Peter the Great　彼得大帝,3,8,19

Petrashevsky,Mikhail　彼得拉舍夫斯基,米哈伊尔,7n5,45-46

Petrashevsky Circle　彼得拉舍夫斯基小组,7-8,45-46,47-48,51,200,203n22

phalanstery　法伦斯泰尔,46

philosophy　哲学,1,112,156,188;**另见** metaphysics

physiological sketches　生理随笔,12,16,20,21

picaresque　流浪汉小说,154

Pisarev,Dmitry　皮萨列夫,德米特里,105-106,107,108,109,111,113,126

Pisemsky,Aleksey　皮谢姆斯基,阿列克谢,84

pity　怜悯,2;in *The Brothers Karamazov*(《卡拉马佐夫兄弟》中的 ~),167,178,181;in *Crime and Punishment*(《罪与罚》中的 ~),117,118;in *The Idiot*(《白痴》中的 ~),128,137,139,150;in *Poor Folk*(《穷人》中的 ~),26,34;and Underground Man

（～与地下人），97；**另见** compassion

Plato 柏拉图，137-138

Poe, Edgar Allan 坡，埃德加·爱伦，33；"William Wilson"
（《威廉·威尔逊》），32

Polish uprising(1863) 波兰起义(1863年)，107

Politics 政治，x, xiii, xxii, 59, 90, 126, 204；**另见** Petrashevsky
Circle；social-political issues

Poor Folk(Dostoevsky) 《穷人》(陀思妥耶夫斯基)，5, 11, 14-
27, 28, 198, 200n17；compassion in（～中的同情），10, 21, 61；
and *Crime and Punishment*（～与《罪与罚》），103；and *The Double*
（～与《分身》），33-34, 36, 43；God in（～中的上帝），21, 27,
53；Gogol and(果戈理与～)，9, 12, 14, 17, 18, 20, 21, 23, 25,
26, 30, 31；and *The Idiot*（～与《白痴》），149；justice in（～中的
正义），21, 26, 43；morality in（～中的道德），17, 18, 19, 24,
42, 46；and *Notes from Underground*（～与《地下室手记》），72,
94；pity in（～中的怜悯），26, 34；society in（～中的社会），17,
21, 24, 26-27, 34, 72, 73

poor people 穷人，204n24；and *Crime and Punishment*（～与《罪与
罚》），104；and *The Double*（～与《分身》），38, 43；and Pisarev
（～与皮萨列夫），106；in *Poor Folk*(《穷人》中的～)，14, 16-
17, 22-23, 25, 34, 54；**另见** lower classes

populism 民粹主义，156, 159, 163

Folk(~与《穷人》),11,19,26;"Poor Knight"(《可怜的骑士》),132n10;*The Queen of Spades*(《黑桃皇后》),108-109;self-sacrifice in(~中的自我牺牲),16,17,43;social pathos of(~的社会悲情),13;"The Stationmaster"(《驿站长》),11-12,26;suffering in(~笔下的苦难),16,20,23

Saint-Simon, Henri de　圣西门, 亨利·德, 22, 23, 66

Sand, George　桑, 乔治, 9, 46

Sartre, Jean-Paul　萨特, 让-保罗, ix

satire　讽刺, 9n8, 13, 14, 31, 97, 99, 126, 173；**另见** burlesque；parody

Schiller, Friedrich　席勒, 弗里德里希, 159；*Don Carlos*(《唐·卡洛斯》), 177, 177n4

Schweitzer, Albert：*The Quest for the Historical Jesus*　施韦泽(史怀哲), 阿尔伯特：《找寻历史上的耶稣》, 56

science　科学, 134；in *The Brothers Karamazov*(《卡拉马佐夫兄弟》中的 ~), 165；and Chernyshevsky(~ 与车尔尼雪夫斯基), 78；and *Crime and Punishment*(~ 与《罪与罚》), 118；and *Notes from Underground*(~ 与《地下室手记》), 87, 89, 91；and religion(~ 与宗教), 3；and social Darwinism(~ 与社会达尔文主义), 110；in Turgenev(屠格涅夫笔下的 ~), 108；in *Winter Notes on Summer Impressions*(《冬天记的夏天印象》中的 ~), 82

self：and Chernyshevsky　自我： ~ 与车尔尼雪夫斯基, 95；and *The Double*(~ 与《分身》), 35；and *Notes from Underground*(~ 与《地下室手记》), 86, 95

self-consciousness　自我意识, 76, 207；and *Brothers Karamazov*(~ 与《卡拉马佐夫兄弟》), 176；and *Notes from Underground*(~ 与

《地下室手记》),86,88,188;in *Poor Folk*(《穷人》中的～),21;**另见** consciousness

self-deception 自我欺骗,39,115

self-destruction 自我毁灭,76;in *The Brothers Karamazov*(《卡拉马佐夫兄弟》中的～),171;and *Crime and Punishment*(～与《罪与罚》),100,108;in *The Idiot*(《白痴》中的～),148

selfishness：in Balzac 自私：巴尔扎克笔下的～,104;in *The Brothers Karamazov*(《卡拉马佐夫兄弟》中的～),166;and Chernyshevsky(～与车尔尼雪夫斯基),79;in *The Idiot*(《白痴》中的～),142,149;and love(～与爱),138

selflessness 无私,20,134

self-negation 自我否定,188

self-punishment 自我惩罚,89

self-respect 自我尊重,17,34,61,167

self-sacrifice：and Christ 自我牺牲：～与基督,131;and Christian socialism(～与基督教社会主义),49;and *Crime and Punishment*(～与《罪与罚》),113,120,121,122;and *The Double*(～与《分身》),34;and love(～与爱),136;in *Poor Folk*(《穷人》中的～),16,17,43

self-transcendence 自我超越,161,164

sensuality 感官欲望,123,142,161,167,180;**另见** sexuality

sentimentalism 感伤主义,11,94,95,128

sentimental romantic novel　感伤浪漫主义小说,39

serfdom　农奴制,4-5;abolition of(~ 的废除),xii,5,47-48,76-
77;and Petrashevsky Circle(~ 与彼得拉舍夫斯基小组),7;and *A
Raw Youth*(~ 与《少年》),154;revolution against(反 ~ 革命),7-
8;**另见** peasants

sexuality　性,199;in *The Brothers Karamazov*(《卡拉马佐夫兄弟》
中的 ~),167;and *Crime and Punishment*(~ 与《罪与罚》),123,
124;and heavenly life(~ 与天上的生命),136;in *The Idiot*(《白
痴》中的 ~),128,137;and *Notes from Underground*(~ 与《地下
室手记》),97;in *Poor Folk*(《穷人》中的 ~),18;in *A Raw Youth*
(《少年》中的 ~),156

Shakespeare, William　莎士比亚,威廉,9,11,32,144,145;
Hamlet(《哈姆雷特》),xi,159;*King Lear*(《李尔王》),xiv,158,
159,169

Slavophils　斯拉夫派,4,81,132,177,199

social-cultural issues　社会-文化问题,x,105;and *Crime and
Punishment*(~ 与《罪与罚》),111,112;and *Notes from
Underground*(~ 与《地下室手记》),95;in *Winter Notes on Summer
Impressions*(《冬天记的夏天印象》中的 ~),82

social Darwinism　社会达尔文主义,110

social-historical issues　社会-历史问题,81

social-humanitarian issues　社会-人道主义问题,96

socialism 社会主义, 64, 131; in *The Brothers Karamazov*(《卡拉马佐夫兄弟》中的～), 163, 177; and Chernyshevsky(～与车尔尼雪夫斯基), 83; Christian(基督教～), 47, 48, 49, 64, 131; and Christianity(～与基督教), 47; and Feuerbach(～与费尔巴哈), 49-50; and *Notes from Underground*(～与《地下室手记》), 83, 188; and Petrashevsky Circle(～与彼得拉舍夫斯基小组), 7; in *Poor Folk*(《穷人》中的～), 22, 23; and prison(～与监狱), 83; and Roman Catholicism(～与天主教), 177; and utilitarianism(～与功利主义), 205-206n27; and utopia(～与乌托邦), 64, 82, 83; in *Winter Notes on Summer Impressions*(《冬天记的夏天印象》中的～), 82; **另见** utopian socialism

social-political issues 社会-政治问题, 77, 79; and class division(～与阶级分化), 61; and *Crime and Punishment*(～与《罪与罚》), 111; and *The Idiot*(～与《白痴》), 126; and morality(～与道德), 76; and *Notes from Underground*(～与《地下室手记》), 90; **另见** politics

social-psychological issues: and *Notes from Underground* 社会-心理问题: ～与《地下室手记》, 85; in *Poor Folk*(《穷人》中的～), 26-27, 72

society 社会, x, xii, 2, 188; in *The Brothers Karamazov*(《卡拉马佐夫兄弟》中的～), 150, 155, 158; and characters(～与性格), 29; and class division(～与阶级分化), 60-61; communal

304

organization of（～的共同体组织），47；and *Crime and Punishment*（～与《罪与罚》），101，103，109，110，111，112，113；and *The Double*（～与《分身》），30，33，34，35，38，40，43，73；and eschatology（～与末世论），55；in FD's early vs. later works（陀氏早期作品中的～对后期作品中的～），53；and Feuerbach（～与费尔巴哈），49-50；in Gogol（果戈理笔下的～），32；hierarchy of（～层级），73；and *The House of the Dead*（～与《死屋手记》），59，63；and *The Idiot*（～与《白痴》），126，130，137，148；and *Notes from Underground*（～与《地下室手记》），84-85，90，95，96；and novel（～与长篇小说），9；and personal morality（～与个人道德），56-57；and Petrashevsky Circle（～与彼得拉舍夫斯基小组），46；and Pisarev（～与皮萨列夫），106，107；in *Poor Folk*（《穷人》中的～），17，21，24，26-27，34，72，73；of Pushkin（普希金的～），13；and *A Raw Youth*（～与《少年》），156；and religion（～与宗教），53；revolt against（反抗～），103；in *roman-feuilleton*（长篇连载小说中的～），102；socialist reconstruction of（～的社会主义重建），47；in *Winter Notes on Summer Impressions*（《冬天记的夏天印象》中的～），81，82，83

Surrealism　超现实主义,xi

Suslova, Appolinaria　苏斯洛娃,阿波利纳里娅,203n22

Tolstoy, Leo　托尔斯泰,列夫,xv,2,4,69,114;*The Death of Ivan Ilych*(《伊万·伊里奇之死》),203n23;*War and Peace*(《战争与和平》),4,170

tragedy　悲剧,1,53,54,97

tsar　沙皇,xii,10,77,79,200

Turgenev, Ivan　屠格涅夫,伊万,xv,112-113,114,201n19;*Fathers and Sons*(《父与子》),106-107,108,111,126,187,205-206n27,207

United States　美国,47,90-91

upper class　上层阶级,204n24;and *Crime and Punishment*(～与《罪与罚》),124;and *The Double*(～与《分身》),37;and epistolary form(～与书信体形式),14-15;in Gogol(果戈理笔下的～),13;and *The House of the Dead*(～与《死屋手记》),58-61;as overcoming class differences(～作为克服阶级差异者),60-61;peasants' hatred of(农民对～的仇恨),58,59-61,76;in *Poor Folk*(《穷人》中的～),22-23;and Turgenev(～与屠格涅夫),106;and Western culture(～与西方文化),154;and Young Russia(～与"青年俄罗斯"),79;**另见** aristocracy／nobility;

埃),159

Vremya(*Time*) 《时代》,80

Wallace, David Foster: " Joseph Frank's Dostoevsky " 华莱士,
大卫·福斯特:《约瑟夫·弗兰克的陀思妥耶夫斯基》,xxiii,
187-209

wealthy people 富人,23,46;**另见** upper class

West / Western culture 西方 / 西方文化,98;and *Crime and
Punishment*(~ 与《罪与罚》),116;and educated Russians(~ 与
受过教育的俄罗斯人),4;and legal rationality(~ 与法律理性),
171-172;and Peter the Great(~ 与彼得大帝),3;and radical
intelligentsia(~ 与激进知识阶层),109;and upper class(~ 与上
层阶级),154;in *Winter Notes on Summer Impressions*(《冬天记的
夏天印象》中的 ~),82;**另见** European culture

will 意志,74,96,98,180,199;**另见** free will

will-to-power 权力意志,75,104,108n5

Wilson, Edmund:*Masters: Portraits of Great Teachers* 威尔逊,埃德
蒙:《大师:伟大教师群像》,xvi

World War I 第一次世界大战,2

Yeats, William Butler:" The Circus Animal's Desertion " 叶芝,
威廉·巴特勒:《马戏团动物的大逃亡》,xiv

著作权合同登记号桂图登字:20-2023-057号

图书在版编目(CIP)数据

陀思妥耶夫斯基讲稿/(美)约瑟夫·弗兰克著;(美)玛丽娜·布罗茨卡娅,(美)玛格丽特·弗兰克编;糜绪洋译.—桂林:广西师范大学出版社,2023.9
(文学纪念碑)
ISBN 978-7-5598-6198-6

Ⅰ.①陀… Ⅱ.①约… ②玛…③玛… ④糜… Ⅲ.①陀思妥耶夫斯基(Dostoyevsky,Fyodor Mikhailovich 1821-1881)-哲学思想-文集 Ⅳ.①B512.49-53

中国国家版本馆CIP数据核字(2023)第127064号

陀思妥耶夫斯基讲稿 TUOSITUOYEFUSIJI JIANGGAO

出品人:刘广汉　　　　策　划:魏　东
责任编辑:魏　东　　　装帧设计:赵　瑾

广西师范大学出版社出版发行
（广西桂林市五里店路9号　　邮政编码:541004）
网址:http://www.bbtpress.com
出版人:黄轩庄
全国新华书店经销
销售热线:021-65200318　021-31260822-898
山东临沂新华印刷物流集团有限责任公司印刷
(临沂高新技术产业开发区新华路1号　邮政编码:276017)
开本:787 mm×1 092 mm　1/32
印张:10.75　　　　　字数:200千
2023年9月第1版　　2023年9月第1次印刷
定价:88.00元

如发现印装质量问题,影响阅读,请与出版社发行部门联系调换。